DIREITO E DECISÃO JURÍDICA
OSVALDO ALVES DE CASTRO FILHO

1. CONSIDERAÇÕES PRELIMINARES.

Os estudos jurídicos devem possuir o propósito de buscar o essencial do direito, pois ele ainda não foi nitidamente enunciado. Permanece envolto em um véu de incertezas. É preciso desvendá-lo. Nos muitos séculos de intensas e dedicadas análises, ele não se mostrou claramente revelado. Retirá-lo da penumbra, no entanto, não constitui tarefa fácil.

1.1. O essencial do direito.

Pouco se avançou na descoberta do constante no direito. Ao jurista importa analisar qual característica permanece ante seu contínuo transformar-se. O resto é despiciendo e sobejamente abordado em múltiplas perspectivas.

Na tentativa de singularizar o direito ante os demais fenômenos sociais, teóricos apontam ora para seu aspecto normativo, ora para seu caráter coercitivo, ora para a exterioridade na regulamentação de condutas, entre outras possibilidades.

1.1.1. Insuficiência do critério normativo

Insuficiente sustentar, como muitos fizeram e continuam

fazendo, que o direito é um "conjunto de normas". Tal conceituação não o distingue de outros emaranhados normativos, como a moral ou a religião.

1.1.2. Inconsistência do critério da coercividade

Muitos defendem que o direito se distingue dos demais fenômenos sociais pela coercitividade. Ponderar que o direito corresponde a uma ordem coercitiva não o define, porém. É de conhecimento geral o quão coativas são, por exemplo, as imposições morais (apedrejamento, linchamento) ou as sanções religiosas (excomunhões, penitências, imolações).

A coercitividade de algumas práticas punitivas morais ou religiosas excede, muitas vezes, aquela do direito. Em março de 2012, por exemplo, o jovem Marcelo, negro, viciado em drogas, após roubar uma bolsa de um casal de idosos em um bairro de classe média de Juiz de Fora, foi brutalmente linchado, até a morte, por populares que testemunharam o ocorrido.[1] Caso houvesse o devido processo legal, a pena, nesta situação, caso fosse condenado, poderia ser de quatro a dez anos de reclusão,

---

[1] Arbex, Daniela; Araújo, Marcos; Zanella, Sandra. Linchamento no Cascatinha suscita debate sobre violência. *Tribuna de Minas*, Juiz de Fora, 27 março 2012. Disponível em: http://www.tribunademinas.com.br/cidade/linchamento-no-cascatinha-suscita-debate-sobre-violencia-1.1063527. Acesso em: 30.05.2013.

nos termos do artigo 157 do Código Penal brasileiro.

1.1.3. Insustenbailidade do critério da exterioridade regulamentada

Afigura-se pouco aconselhável continuar afirmando que o direito se refere ao comportamento externo das pessoas e desconsidera seus aspectos internos – relacionados à moral ou à fé interior. Tal visão não se sustenta em uma análise mais atenta. As motivações e intenções dos indivíduos são relevantes para o direito. Basta lembrar a necessidade de verificar se um crime foi praticado com dolo ou culpa (negligência, imperícia ou imprudência).

Ligados à subjetividade dos praticantes da ação, dolo e culpa, por exemplo, diferem-se quanto à presença ou ausência de aspectos cognitivos e volitivos por parte do agente. Se há consciência e vontade do ato, existe dolo, se há consciência sem vontade, existe culpa. Sem ambos, todavia, não se caracterizaria o ato como crime. É necessária tal distinção, principalmente, porque dela costuma depender a cominação da pena. Cria-se, assim, um *contínuo* entre dolo e culpa, no qual, quanto mais se aproxima daquele, maior será a punição.

O que se está a afirmar que é o direito não se confunde com o determinado pela legislação, dito de outra maneira, o que se deve entender por direito não se encerra no disposto pelo enunciado normativo.

O fato do artigo 18 do Código Penal dispor que o crime doloso ocorre quando o agente quis o resultado ou assumiu o risco de produzi-lo e que o crime culposo se dá quando o agente deu causa ao resultado por imprudência, negligência ou imperícia não é suficiente para determinar se um crime foi praticado com dolo ou culpa.

Decidir se um crime foi praticado com dolo ou culpa geralmente exige do julgador muito mais que meramente ajustá-lo ao disposto na legislação. ocorre que, para a diferenciação desses conceitos, atualmente, tem-se privilegiado um critério de observância da gravidade do delito cometido em detrimento da subjetividade dos agentes. Para a caracterização do dolo, vem sendo mais importante a gravidade do delito (externa ao agente) do que a análise da presença dos elementos cognitivos e volitivos (internos ao agente), deturpando-se, portanto, o cerne da ideia de dolo.

Em janeiro de 2013, 241 pessoas morreram e centenas se feriram no acidente da Boate Kiss, em Santa Maria, no Rio Grande do Sul. Durante um show pirotécnico, o teto da boate se incendiou e o fogo se alastrou rapidamente, intoxicando e asfixiando as vítimas, que contavam apenas com uma estreita porta para a saída.[2]

Em uma atitude completamente descabida, o Ministério Público gaúcho denunciou os proprietários e os músicos por homicídio doloso qualificado. Segundo a teoria do dolo, tal denúncia implicaria a afirmação de que os músicos da banda, ao realizarem o show pirotécnico, tinham *consciência* de que poderiam incendiar o local e era sua *vontade* que isso acontecesse. Do mesmo modo, o proprietário teria *consciência* da fragilidade da segurança da boate e *desejava* que pessoas lá morressem. Afirmar que neles houve *vontade* de cometer o homicídio também significaria dizer que existiu certa vontade de cometerem suicídio, considerando que os acusados se encontravam na boate no momento do acidente.

Seria mais sensato afirmar que houve *consciência*, apenas, sem *vontade*, o que caracterizaria homicídio culposo. A pressão exercida pela mídia e o clamor popular por punição (ou vingança), contudo, fazem com que o Ministério Público queira enquadrar os envolvidos em uma pena "exemplar", aparentemente pervertendo o disciplinado na legislação penal.

Problema bastante similar acontece em relação ao acidente com o ônibus que caiu de um viaduto no Rio de Janeiro, no dia 02/04/2013, matando sete pessoas, após uma

---

2 Proprietários da Kiss responderão por homicídio doloso. *Consultor Jurídico*. 03/04/2013. Disponível em: http://www.conjur.com.br/2013-abr-03/oito-envolvidos-incendio-boate-kiss-responderao-homicidio-doloso. Acesso em: 30.05.2013

briga entre o motorista e um passageiro. O delegado responsável pela investigação do caso, José Pedro Costa da Silva, disse pretender indiciar o motorista e o passageiro agressor por homicídio doloso.[3] Isso significa dizer que ambos tinham *vontade* de que o ônibus caísse e matasse pessoas, inclusive eles próprios, pois também estavam dentro do veículo. Hipótese imaginável, talvez, em uma trama hollywoodiana, mas não neste caso concreto. Parece ter havido, de fato, extrema *imprudência* por parte dos acusados em digladiarem-se dentro de um veículo automotor em movimento sobre um viaduto. Talvez tenha havido culpa, mas dificilmente se poderia falar em dolo.

Embora seja bastante complicado decifrar intenções e motivações, estas são de grande importância ao direito, que não deve se pautar apenas por aspectos exteriores de conduta.

Na atual etapa do conhecimento jurídico, a única contribuição ainda não alcançada parece ser a abordagem e a melhor elucidação do essencial do direito. Eis o relevante desafio a ser encarado. Enfrentá-lo não significa vencê-lo (solucioná-lo), mas sim apresentar efetivo aporte para melhor situar a percepção do fenômeno jurídico. Vale ressaltar que tal

---

3 RJ: delegado pedirá prisão de motorista e jovem que o teria agredido. *Terra*. 03/04/2013. Disponível em: http://noticias.terra.com.br/brasil/transito/rj-delegado-pedira-prisao-de-motorista-e-de-jovem-que-o-teria-agredido,5a813831e61dd310VgnVCM3000009acceb0aRCRD.html. Acesso em: 30.05.2013

desiderato esbarra em limitações. Deve ser buscado com consciência das dificuldades de se exaurir questão dessa natureza.

É preciso designar o que torna o direito um fenômeno único. Evidenciar sua peculiaridade a distingui-lo das demais manifestações sociais. Destacar qual característica o especifica. Identificar se tal característica está presente em todas as situações designáveis como direito. Por outro lado, fique claro, não há interesse em responder por que o direito se afigura como se afigura, como ele deveria ser ou qual a finalidade do direito.

Procurando afastar rodeios filosóficos descabidos e evitar imprecisões terminológicas, torna-se desejável definir o que se compreende por essência do direito. Essência do direito deve ser entendida como a característica que lhe atribui identidade, constituindo-o como algo específico e, portanto, diferindo-o dos demais fenômenos sociais. O que constitui o direito enquanto tal (seu traço único, isto é, não atribuível a outras manifestações sociais). O elemento que, sendo retirado, determina a própria ausência de direito (sem o qual o direito deixaria de sê-lo).

1.2. Especificidade do direito.

O jurista deve se focar na especificidade do fenômeno

jurídico. Precisamente, no que faz dele algo único. No atual estágio do desenvolvimento teórico do direito, podem ser completamente descartados os empreendimentos intentando examinar outros aspectos que não os exclusivamente imprescindíveis para a demonstração de sua característica central.

O direito representa um papel nas relações humanas, não se confundindo, por sua vez, com outros fenômenos sociais como a religião, a economia, a política. Embora guarde com eles indispensável conexão. Juntamente com essas e outras esferas, forma um arcabouço social. Ele, entretanto, possui função especial e inconfundível na estrutura social; pesa sobre ele a missão de decidir, inevitavelmente, a respeito dos conflitos que lhe são trazidos.

O direito existe para resolver os conflitos levados ao seu resguardo. Caso não aprecie as lesões e ameaças levadas à sua apreciação, perde seu objetivo inescapável. Julgá-las, portanto, representa verdadeira necessidade – não se trata de mero encargo.

A inevitabilidade da decisão não se configura, apenas, como relevante função do processo jurisdicional, mas representa a característica primordial e incontornável do direito, conferindo-lhe identidade e diferenciando-o dos demais fenômenos sociais.

Ao celebrarem negócios, espontaneamente observando suas consequências, exercendo suas liberdades e cumprindo suas respectivas obrigações, as partes podem estar agindo em adesão aos preceitos jurídicos e, desse modo, podem ser situadas no denominado "âmbito do direito". Contudo, elas poderiam conduzir-se de modo idêntico se orientadas por cânones religiosos ou em atenção a princípios morais.

Indivíduos podem contratar e voluntariamente respeitar os efeitos do contrato e, no pleno exercício de seu arbítrio, adimplir sua obrigação contratual atendendo aos deveres éticos, ou motivados por não querer pecar, usufruindo o que não lhe apraz – ou, ainda, simplesmente, porque é honesto e preza pela sua honorabilidade.

Conduzir-se conforme dado ditame legal não significa, invariavelmente, o desejo de agir de acordo com o direito. Eventualmente, pode-se estar a observar outras estruturações normativas sem ser a jurídica.

O adimplemento de dispositivos legais não confere ao direito uma peculiaridade capaz de distingui-lo dos demais regramentos sociais. O direito começa a se tornar singular na situação em que uma das partes deixa, por alguma razão, de cumprir com o que dela, contextualmente, se esperava – o que gera, circunstancialmente, um litígio. A outra parte envolvida na relação poderá, justamente em razão da existência do direito, pleitear a tutela jurídica de tal questão e, dessa feita, exigir que sejam revelados, mediante decisão jurisdicional, o direito e a real obrigação de cada contratante.

Apenas o devido julgamento da demanda constituirá situação efetivamente jurídica. A plenitude do direito consiste na sua integral realização e ela depende, de maneira indesviável, da decisão resultante da atividade judicante.

O direito constitui-se da decisão jurisdicional e outras variáveis. Ele pode realizar-se mesmo contra os fatos efetivamente ocorridos, por exemplo, na condenação de um inocente. A inevitabilidade da decisão somada à negligência do judiciário pode provocar consequências absurdas, como o caso do ex-mecânico Marcos Mariano da Silva, preso injustamente por homicídio de 27/09/1985 a 25/08/1998.

Ao longo destes 13 anos, Marcos Mariano contraiu tuberculose e, durante uma rebelião no Presídio Aníbal Bruno-PE, ficou cego dos dois olhos, após a explosão de uma granada. Nos autos, foram utilizadas como matéria probatória certidões que alegavam não haver a existência de registro de feitos criminais em nome do ex-mecânico, tanto na Comarca de Santo Agostinho, quanto na 1ª Vara de Execuções Penais do Estado de Pernambuco, no período de janeiro de 1985 a janeiro de 1986.[4]

---

4 REsp Nº 802.435-PE, relator Min. Luiz Fux, julgado em 19/10/2006 e

A prisão de Marcos Mariano da Silva foi considerada desastrosa. Os danos morais e materiais foram reconhecidos. Todavia, em novembro de 2011, ele faleceu, logo após receber a segunda parcela de sua indenização, em um total de R$ 2 milhões.

Ao fundamentar seu voto em relação ao recurso impetrado pelo Estado de Pernambuco, visando à diminuição da quantia indenizatória, o Ministro Luiz Fux alegou se tratar o caso de "um dos mais expressivos atentados aos direitos fundamentais da pessoa humana", negando provimento ao recurso.

Como restou comprovado, o homicídio não foi cometido por Marcos. O direito se concretizou, no entanto.

O carrasco executa a condenação de um inocente à morte em razão desta ser emanação do direito. Ele não executaria por outro motivo. Caso agisse assim, estar-se-ia diante de um homicídio e não perante uma execução de pena capital.

Em novembro de 2011, o caso "Troy Davis" ganhou manchetes em todo o mundo e se tornou símbolo da luta contra a pena de morte nos EUA. Acusado de assassinar um policial branco em 1989, Troy Davis, negro, aguardou a pena capital por mais de 20 anos no corredor da morte, enquanto seus

---

publicado em 30/10/2006.

advogados alertavam sobre a fragilidade das provas usadas contra ele.

A arma do crime nunca foi encontrada. Não havia digital nem traços do DNA de Davis no local do crime. Sete das nove testemunhas do caso alegaram terem sido intimidadas pela polícia para a obtenção do testemunho.

A repercussão internacional do caso e o apoio de militantes de grande prestígio, como um ex-diretor do FBI, o ex-presidente Jimmy Carter, o Papa Bento XVI e o Nobel da paz Desmond Tutu, não foram suficientes para livrá-lo da condenação. Davis foi executado em setembro de 2011.[5] Não fosse a sentença legalmente sustentada obrigando a execução, considerando todo clamor popular, Davis dificilmente seria executado.

Recentemente, uma equipe de pesquisadores da Universidade de Columbia descobriu que o Estado do Texas executara um inocente em 1989. Carlos DeLuna, hispânico, foi acusado e condenado à morte por ter assassinado com uma faca de caça a funcionária de um posto de gasolina em uma cidade no interior do Texas. A pesquisa, que se transformou em livro[6],

---

5 Patrick S. Metze. "Troy Davis, Lawrence Brewer, and Timothy McVeigh Should Still Be Alive: Certainty, Innocence, and the High Cost of Death and Immorality", *Charleston Law Review*, Vol. 6, 2011, pp. 333-370, pp. 344 e ss.
6 Livro disponível em: www3.law.columbia.edu/hrlr/ltc/ [em inglês]. A página, produzida pelo *Columbia Human Rights Law Review*, apresenta fotos

constatou que o Estado do Texas executou um homem inocente, o que levou a calorosos debates acerca da racionalidade da pena de morte.

Durante o inquérito, Carlos asseverou ser inocente e disse ter testemunhado o assassinato. Segundo ele, o autor do crime seria Carlos Hernandez, também hispânico e seu conhecido. A afirmação de DeLuna não foi suficiente para inocentá-lo, pois o outro Carlos não fora encontrado. Ademais, uma testemunha assegurou ter visto *um hispânico* cometendo o crime e reconheceu DeLuna.

O trabalho dos pesquisadores de Columbia deu-se no sentido de encontrar provas da existência de Carlos Hernandez. Descobriu-se, então, que de fato ele existira e que havia sido preso 39 vezes, 13 delas em posse de uma faca de caça. No mesmo ano em que DeLuna foi executado, Hernandez foi condenado a 10 anos de prisão por tentar matar outra mulher, Dina Ybanez, também usando uma faca.

Para os pesquisadores, a prova da inocência de Carlos DeLuna contraria a afirmação de um dos nove juízes da Suprema Corte dos EUA, Antonin Scalia, defensor da pena de morte que, em 2006, no caso Kansas v. Marsh, disse que[7] "não

---

da cena do crime, gravação em áudio da audiência, entrevistas em vídeo com familiares, parentes e envolvidos no julgamento, e muito mais sobre o caso. O livro integral está disponível em http://www3.law.columbia.edu/hrlr/ltc/printable/LTC%20-%20Full.pdf.

há um único caso em que uma pessoa tenha sido executada por um crime que não cometeu". Não obstante a pesquisa, o Estado do Texas não reabriu o caso DeLuna.

O processo decisório lida com o relato, isto é, com o relatado nos autos processuais. Analisa-o visando a uma decisão que pode, além de contrariar os fatos, contrariar as leis, isto é, opor-se nitidamente à(s) disposição(ões) legal(is). A situação em julgamento pode ensejar múltiplas interpretações. Uma delas, todavia, quando o direito for concretizado (construído para o caso), deverá prevalecer.

O artigo 501 do Código de Processo Civil dispõe que "o recorrente poderá, a qualquer tempo, sem a anuência do recorrido ou dos litisconsortes, desistir do recurso". Adotando uma postura contrária à disposição legal, a Terceira Turma do Superior Tribunal de Justiça (STJ) rejeitou um pedido de desistência de um recurso especial da Google Brasil Internet Ltda., já pautado para julgamento, alegando que se tratava de caso de interesse coletivo, dada a imensa quantidade de usuários dos serviços da empresa.

Além disso, segundo a relatora, ministra Nancy Andrighi,

---

7 Kansas v. Marsh. "The dissent does not discuss a single case – not one – in which it is clear that a person was executed for a crime he did not commit". Disponível em: http://www.supremecourt.gov/opinions/05pdf/04-1170.pdf., p. 7 do voto de Scalia [p. 28 do arquivo].

"infere-se que o julgamento dos recursos submetidos ao STJ ultrapassa o interesse individual das partes envolvidas, alcançando toda a coletividade para a qual suas decisões irradiam efeitos". Apesar da desistência do recurso ser assegurada por lei, as implicações sociais nele contidas podem forçar o julgamento independente da vontade das partes. Outra justificativa para a postura de contrariar a lei foi dada pelo ministro Sidnei Beneti, para quem o artigo 501 do CPC foi concebido em um período em que não havia tamanha quantidade de processos e que se fazia necessária a *atualização de sua interpretação*.[8]

Incontáveis atos jurídicos são praticados diariamente, sem, no entanto, a necessidade de manifestação judicial acerca deles. Exemplos são o pagamento de tributos, aluguel e similares. Dado o descumprimento, surge a possibilidade de manifestação judicial, o que torna o direito um fenômeno inigualável. Há, então, a potencialidade de juridicamente se reconhecer e fazer valer os efeitos normalmente não havidos. A qualquer momento, é possível mobilizar o aparato judiciário, por meio de seus mecanismos processuais, a fim de se trazer à tona eventuais direitos não manifestos. Tal manifestação jurisdicional (determinando o direito), entretanto, dar-se-á por

---

8 REsp 1308830 – RS, relatora Min. Nancy Andrighi, julgado em 13/03/2012 e publicado no DJe em 09/08/2012.

meio de processo decisório, e a incerteza envolvendo a decisão a ser tomada exclui a possibilidade de uma decisão apriorística, que, por certo, só será conhecida após pronunciamento judicial. Daí resulta que não existe direito definitivo. Ele se configura em contínua transformação, um eterno vir a ser. Não se encerra em sua determinação no julgamento de um caso. A compreensão jurídica perdedora de hoje pode ser tornar ganhadora amanhã.

O ajuizamento de uma ação de reintegração de posse, por exemplo, não significa que o juiz decidirá pela reintegração, uma vez que a posse foi invadida. Ele poderá entender que o direito à moradia prevalece sobre direitos possessórios.

Assim entendeu a 19ª Câmara Cível do TJ-RS ao dar provimento ao agravo de instrumento impetrado por Silvéria e Silvani Veiga contra o Município de Estrela-RS, para o qual a decisão em 1ª instância havia assegurado a reintegração de posse de um imóvel por ocupado pelos autores.[9] O Desembargador José Francisco Pellegrini, em seu voto[10], ponderou acerca da função que o Poder Judiciário tem a prestar à sociedade, se "será ele mais uma instância de poder contra o cidadão, ou será uma última instância de poder, a favor dele". Assentou, ainda, que, em casos como esses, deve o julgador guiar-se pelo

---

9 AI 70008757270 – RS, relator José Francisco Pellegrini, julgado em 24/08/2004 e publicado no DJ em 21/09/2004.
10 AI 70008757270 – RS, relator José Francisco Pellegrini, julgado em 24/08/2004 e publicado no DJ em 21/09/2004, p. 4.

princípio da proporcionalidade, pois o Judiciário – segundo ele – não pode dar as costas à família necessitada, "enxotando-a com suas tralhas e suas dores para o relento".

Em sentido diverso, a 2ª Turma Cível do TJDFT, decidiu reintegrar a posse de um imóvel ocupado pelo Movimento dos Trabalhadores Sem Teto (MTST), localizado em Águas Claras-DF, para seu proprietário Jarjour Veículos e Petróleo Ltda.

Após deferir um efeito suspensivo para a liminar que reintegraria a posse do imóvel em questão, permitindo ao MTST permanecer no local – fundamentando sua decisão no intuito de evitar possíveis "consequências drásticas", dada a "ocorrência não rara de conflitos entre os membros da polícia militar e os adeptos do movimento"[11], o desembargador J. J. Costa Carvalho mudou sua opinião e reconsiderou sua decisão anterior e decidiu negar provimento ao agravo de instrumento que pretendia anular a liminar de reintegração[12]. O proprietário teve, portanto, direito à reintegração da posse de seu imóvel, até

---

11 Acórdão 654202- DF, relator J. J. Costa Carvalho, julgado em 06/02/2013 e publicado no DJe em 19/02/2013, pp. 5-6.
12 "Muito embora este julgador tenha – *insisto em dizer: nos limites de uma cognição estritamente limitada* – deferido a providência cautelar postulada, verifico que, agora, dentro de um espectro de percepção mais aprofundado, ou melhor, à luz de um contexto amplo, vejo que o pronunciamento da magistrada de primeiro grau merece prevalecer." (Acórdão 654202- DF, relator J. J. Costa Carvalho, julgado em 06/02/2013 e publicado no DJe em 19/02/2013. pp. 6-7)

então ocupado pelos Trabalhadores Sem Teto.

Pesou para esta decisão a comprovação de que o imóvel não estava abandonado[13], o que fez com que o magistrado entendesse que se tratava de esbulho e não de uma ocupação regular.[14] Além disso, optou-se por não privilegiar o direito à moradia, pois "tal direito não pode ser utilizado indiscriminadamente, rompendo a barreira do bom-senso e da moderação". O desembargador J. J. Costa Carvalho também reconheceu a importância do direito à moradia, tal como o desembargador José Francisco Pellegrini, mas as decisões dadas aos casos foram completamente diferentes. Aqui, apesar de reconhecido o direito à moradia, entendeu-se que "atos de invasão, como o que ocorreu nos presentes autos, não devem ser tolerados, sob pena de desvirtuamento da ordem jurídica

---

13 "(...) observando detidamente os documentos que instruem o presente agravo, verifico que o recorrido, rigorosamente falando, não vem se portando com negligência quanto ao emprego dos meios necessários à exteriorização de atos demonstrativos de posse, a ponto de induzir convicção de que o imóvel se encontrava abandonado e ao relento e, por esta razão, oferecendo um ambiente fértil para a ocupação de quem quer seja." (Acórdão 654202- DF, relator J. J. Costa Carvalho, julgado em 06/02/2013 e publicado no DJe em 19/02/2013. p. 7)

14 "(...) no intuito de se robustecer a tese do esbulho, há de se anotar o aspecto apontado pelo digno juízo, no sentido de que se trata "de imóvel localizado em região central de águas claras, sendo notório para qualquer pessoa que passe em frente a ele a ocupação feita por integrantes do movimento réu. O ingresso ocorreu à noite, o que caracteriza a clandestinidade, e de forma precária, posto que admitida publicamente a invasão." (Acórdão 654202- DF, relator J. J. Costa Carvalho, julgado em 06/02/2013 e publicado no DJe em 19/02/2013. p. 8)

vigente".

Os assim chamados direitos podem ser reconhecidos na esfera executiva, independentemente de sentença judicial. Isso não acarreta, no entanto, que não sejam passíveis de ter sua juridicidade questionada ante um tribunal. Logo, em última análise, cabe ao judiciário o derradeiro dimensionamento daquilo que efetivamente deverá ser considerado como direito.

A validade de um contrato, por exemplo, em um primeiro momento, não necessita de suporte judicial, desde que observados os pressupostos da capacidade das partes, da licitude do objeto e da legitimação para sua realização. Todavia, se, a qualquer tempo, tal legitimidade é questionada por uma das partes, caberá ao judiciário a resolução do litígio com a decisão definindo, por fim, o que seja o direito.

Casos bastante ilustrativos e comuns neste sentido são os de contratos bancários que incluem tarifas de abertura de crédito (TAC), proibidas desde a resolução n.º 3.518/07 do Banco Central. Após submeter-se ao contrato, o consumidor dá-SE conta de que lhe estão sendo cobrados encargos ilegais e pleiteia solução no judiciário.

No Tribunal de Justiça de Minas Gerais, nota-se divergência no tratamento do tema, a depender do desembargador. A desembargadora Márcia De Paoli Balbino, por exemplo, opta pela legalidade da TAC, justificando que essa "visa remunerar a instituição financeira pelos serviços prestados na concessão do crédito, podendo ser cobrada se contratualmente prevista, e se não ensejar desequilíbrio contratual."[15] O desembargador Sebastião Pereira de Souza, por outro lado, julga que a TAC "configura enriquecimento ilícito da instituição financeira porque não tem causa ou fundamento legal, uma vez que a contraprestação do cliente bancário é o pagamento mensal das parcelas pelo empréstimo tomado, tornando-se manifestamente abusiva segundo os princípios e regras do Código de Defesa do Consumidor."[16] Em última instância, portanto, cumpre ao judiciário a determinação do que corresponde ao direito.

O direito só se faz totalmente presente com a emanação da decisão jurídica definitiva.

O direito entra em cena exatamente para representar a possibilidade de solução de eventuais controvérsias surgidas dos acontecimentos. É perfeitamente cogitável condenar moralmente aquele que paga sua conta com cheque sem

---

15 Como exemplo: Apelação Cível nº 1.0290.11.003927-5/003, relatora Marcia de Paoli Balbino, 17ª Câmara Cível, julgada em 14/03/2013 e publicada em 26/03/2013; Apelação Cível nº 1.0079.10.008119-3/007, relatora Marcia de Paoli Balbino, 17ª Câmara Cível, julgada em 14/03/2013 e publicada em 26/03/2013.
16 Como exemplo: Apelação Cível nº 1.0027.10.002699-9/005, relator Sebastião Pereira de Souza, 16ª Câmara Cível, julgada em 13/03/2013 e publicada em 26/03/2013; Apelação Cível nº 1.0024.09.506838-3/001, relator Sebastião Pereira de Souza, 16ª Câmara Cível, julgada em 13/03/2013 e publicada em 26/03/2013.

possibilidade de provimento. Porém, não há necessidade de se decidir se é realmente moral ou não o pagamento com o cheque sem fundos. Por outro lado, o direito, uma vez acionado, tem de, inevitavelmente, decidir a demanda.

Logo após uma refeição, um cliente de um restaurante sente-se nauseado e susta o cheque com o qual pagou a "notinha", crendo ter sido a comida daquele fino estabelecimento que houvera lhe feito mal. Por outro lado, o restaurante chique e conceituado rejeita veementemente tal possibilidade, uma vez que goza de tradição de anos e jamais constou em seus registros acontecimento semelhante. Ambos reivindicam possuir razão em relação ao acontecido. E agora? Quem está moralmente errado? O restaurante que serviu a comida possivelmente estragada, lesando seu cliente, ou o cliente que atribui intuitivamente a ela o fato de ter passado mal e resolveu deliberadamente sustar o cheque?

Analisando a questão pelo ângulo religioso, quem pecou? O cliente que julgou o restaurante sem possuir absoluta certeza ou o pessoal do restaurante por ter possivelmente ludibriado o próximo obtendo lucros indevidos com a comercialização de produtos estragados?

Costumeiramente, ambos podem estar com a razão. Dificilmente, certificar-se-ia quem agiu ou não com devotado moral (mesmo porque o moral de cada pessoa é relativo). Na perspectiva religiosa, as coisas se complicariam ainda mais, pois, além de pairar em seara repleta de dúvidas, dever-se-ia considerar a fé de cada indivíduo (eles podem professar religiões distintas ou nenhuma fé, originando irresolúvel confusão em relação a quem agiu de acordo com o dogma religioso). Porém, convertido em certame judicial e levado ao exame do judiciário, o direito e a obrigação de cada envolvido na controvérsia, inevitavelmente, virá à tona.

O direito afigura-se em permanente construção. Para haver direito, faz-se necessário o relato a ser interpretado. O relato também é dinâmico e, como a realização do direito visa a resolver a questão relacionada aos relatos, o direito afigura-se, por conseguinte, cambiante.

O direito pode se realizar de múltiplas maneiras. O mesmo fato pode ter repercussão jurídica distinta e, surpreendentemente, até mesmo pela ótica do mesmo julgador. O ministro do Supremo Tribunal Federal, Ricardo Lewandowski, nos autos do processo Ext 1306[17], entendeu possível a substituição da prisão preventiva de estrangeiro por outras medidas cautelares, tais como a entrega do passaporte, a proibição de ausentar-se do Estado do Rio de Janeiro sem autorização, e compromisso de comparecer semanalmente a

---

17 Ext 1306 – DF, Relator Min, Ricardo Lewandowski, julgado em 18/02/2013.

Juízo para prestar contas de suas atividades, sob fundamento de não ter recebido, tempestivamente, pelo governo inglês, o pedido de formalização da extradição.

O referido ministro, no entanto, meses antes, nos autos do PPE 685[18], determinou a prisão preventiva do réu para fins de extradição. Consignou-se, nesse julgado, que "o estrangeiro, ciente do mandado de prisão expedido contra ele, evadiu-se para território estrangeiro. Esse fato denota a intenção do extraditando em furtar-se à aplicação da lei penal de seu país, o que justifica o deferimento do pedido". O transcurso do direito, pois, configura-se em permanente transformação. A cada momento, há reinterpretações modificadoras do expressar jurídico.

1.3. Estruturação do Trabalho.

A ocorrência de um julgado para os casos em trâmite judicial é indispensável. Logo, mostra-se necessário analisar o caráter inilidível da decisão jurídica, perpassando pela concretização do direito e buscando delimitar a relação entre o direito e a atividade jurisdicional. Ademais, é preciso demonstrar

---

18 Ext 1306 – DF, Relator Min, Ricardo Lewandowski, julgado em 12/12/2012 e publicado no DJ em 17/12/2012. Ver ainda http://www.stf.jus.br/portal/cms/verNoticiaDetalhe.asp?idConteudo=236 082, acesso em 30/05/2013. [Alguma dessas notas está errada]

sua relevância na constituição do direito (engendrada por variáveis e pela premência de se apresentar uma decisão para os litígios em julgamento).

A inevitabilidade da decisão jurídica apresenta-se como essência do direito. É lamentável que tal questão tenha sido colocada em plano secundário pelos juristas. Ela mereceria abordagens consistentes e reflexões aprofundadas. A inevitabilidade do julgamento confere funcionalidade ao direito, na medida em que o condiciona à tomada de decisões e torna exigível em sua peculiar experiência um raciocinar jurídico especificamente orientado para ter de lidar com a incontornável necessidade de sentenciar. A inevitabilidade da decisão jurídica torna o direito possível e, desse modo, praticável, assegurando a obtenção de julgados mediante a instauração de processos no judiciário.

Ao abordar o raciocínio jurídico, deve-se levar em consideração o caráter implacável da decisão. O desencadear do raciocinar jurídico dá-se em meio a contingências ocasionadoras de uma impossibilidade metodológica e da ausência de condições de se conhecer plenamente o direito, na medida em que o tempo está imbricado em seu constituir na vivência cotidiana. Logo, é preciso reelaborar as conjecturas acerca da autonomia "científica" do direito.

O inelutável dever de pronunciar uma sentença para as

demandas juridicamente tuteladas permeia o devir do direito, incluído, desde tempos imemoriais, no avançar das sociedades. Caso ele não existisse, o direito perderia seu sentido na história dos povos. A inevitabilidade da decisão jurídica irrompe grande repercussão na vivência jurídica cotidiana, pois assegura sua manifestação nas situações singulares, isto é, garante apreciação jurisdicional do litígio. Conquanto não se saiba previamente sua solução, sabe-se que será decidido.

Depois de analisar o desenvolvimento do direito como mecanismo decisório, torna-se primordial estabelecer de forma coerente como ocorre a realização do direito e diferenciá-la do direito em realização. O direito constitui-se a partir do indelével ofício judicante e por um emaranhado de variáveis, entre as quais os ditames jurídicos, os relatos e os argumentos representam papel de destaque. Nesse passo, serão considerados: o liame entre direito e obrigação e o devido estabelecimento dos conceitos de norma, disposições e proposições jurídicas, bem como suas adequadas e respectivas diferenciações.

Em seguida, há a perspectiva de que o desenrolar do direito envolve contingências e, portanto, o exame da interpretação jurídica deve atentar para o invólucro de incertezas rondando-a e para o fato de que não há situações jurídicas evidentes, em que seria dispensado o esforço hermenêutico. A interpretação é concebida como escolha entre alternativas possíveis. Consequentemente, não é permitido deixar de enfatizar o elo entre decisão e atos de vontade.

Mais adiante, aborda-se a consistência e a plenitude do direito realizado no caso concreto conferida pela obrigação do exercício da atividade judicante. O surgimento de novos casos a exigir composição jurisdicional situa o direito em uma perspectiva dinâmica. O seu contínuo cambiar aponta para uma abordagem que busque considerar o direito realizado (sua concretização na demanda) e o realizar do direito em permanente transformação.

O fato de emitir um juízo acerca das controvérsias jurídicas afigura-se como algo incontornável e angustia os investidos nessa tarefa. Contudo, ele deveria impeli-los no esforço de aprimorar continuamente tal mister e levá-los a julgar de modo cada vez mais responsável, no ensejo de não se desviar da circunstância de que, em última análise, as decisões dependem de suas atitudes.

2. A INEVITABILIDADE DA DECISÃO NO DIREITO.

A obrigatoriedade da decisão no direito é tema de grande importância, pois a emissão de um juízo acerca das demandas postas ao judiciário representa elemento essencial na constituição do direito. Consubstancia, desse modo, uma exigência da qual não se pode fugir. Por conseguinte, gera diversas consequências e especificidades negligenciadas pelos estudiosos do direito.

Não se deve continuar, portanto, admitindo que análises sobre a inevitabilidade das decisões jurídicas se perpetuem sem o devido esclarecimento, prescindindo do adequado dimensionamento de sua repercussão na vivência jurídica. Empreender uma investigação mais bem elaborada, capaz de abordá-la de maneira satisfatória, parece primordial.

A observação do direito, ainda que em caráter geral, indica a necessidade de reflexão mais articulada acerca do caráter inexorável do dever de julgar na configuração do fenômeno jurídico. Embora muitos tenham reconhecido e enfatizado sua relevância[19], ao contrário dos modelos analíticos e hermenêuticos, uma teoria da decisão jurídica resta ainda por

---

19 Schönke, Adolf. *Lehrbuch des Zivilprozessrechts*. 8. Auflage. Karlsruhe: C. F. Müller, 1956, p. 318.

ser feita.[20]

Examinar a experiência relacionada aos julgamentos jurisdicionais com o objetivo de contribuir para a formulação de uma futura teoria da decisão jurídica torna-se premente, uma vez que o sentido e a importância jurídica do julgamento não são determinados na teoria com a devida intensidade[21], e o direito realmente importante para a vida é aquele que se realiza na sentença judicial.[22]

A razão de ser do direito consiste na resolução dos litígios de modo inescusável e peremptório. O direito deve, inevitavelmente, decidir os casos que são submetidos a ele **por ser direito.**[23] Seria ilógico imaginar o direito deixando de resolver as contendas e permanecendo direito, uma vez que apresentar soluções para os casos que tramitam judicialmente

---

20 Ferraz Jr., Tercio Sampaio. *A ciência do direito*. 2ª edição. São Paulo: Atlas, 1980, p. 88. "En définitive la théorie générale de la fonction juridictionnelle et du pouvoir créateur et normatif du juge reste à faire". Belaïd, Sadok. *Essai sur le pouvoir créateur et normatif du juge*. Paris: L.G. D. J., 1974. p. 7.

21 Degenkolb, Heinrich. *Einlassungszwang und Urteilsnorm*. Beiträge zur Materiellen Theorie der Klagen insbesondere der Anerkennungsklagen. Leipzig: Druck und Verlag von Breitkopf und Härtel, 1877, p. 80.

22 Heck, Philipp. Das Problem der Rechtsgewinnung. Tübingen: J.C.B. Mohr (Paul Siebeck), 1912. I, § 2, a. 2. Auflage. 1932, redigiert von Roland Dubischar, Bad Homburg von der Höhe, Berlin, Zürich, Gehlen, 1968, p. 10. e Isay, Hermann. *Rechtsnorm und Entscheidung*. Berlin: Franz Vahlen, 1929, p. 15.

23 Por outro lado, alguns insistem, ainda que no âmbito do direito internacional, em crer que a vedação do *non liquet* "não pode ser inteiramente sustentada por qualquer evidência já oferecida". Stone, Julius. *Non Liquet* and the Function of Law in the International Community. *The British Year Book of International Law*, 1959. p. 145.

representa seu papel peculiar e inconfundível na sociedade, conferindo-o identidade e o diferenciando dos demais fenômenos sociais.

Na experiência jurídica, não há questões irresolúveis. Podem pairar dúvidas acerca do conteúdo decisório mas, desde logo, sabe-se que uma decisão ocorrerá. Esse caráter inexorável da decisão jurídica gera no direito a circunstância intransponível de criar as condições de resolubilidade dos conflitos.

A premência de se encontrar uma decisão solucionadora das controvérsias resulta da contínua incidência de conflitos na convivência social e da correlata necessidade de solucioná-los pelas vias jurídicas.

Os conflitos começam, cessam e recomeçam. A conflituosidade, porém, permanece, impondo, assim, a tomada de decisão.[24] É preciso encontrar uma decisão prevalecente; apta a conformar juridicamente os conflitantes e as pessoas de modo geral.[25] A recusa em julgar as controvérsias colocaria em xeque a própria essência do fenômeno jurídico, gerando uma situação caótica.[26]

---

24 Ferraz Jr., T. S. Introdução ao estudo do direito. pp. 307 e 308.
25 "Les juges doivent toujours et nécessairement statuer sur toutes causes qui leur sont soumises". Demolombe, Jean Charles Florent. Cours de Code Napoléon. Vol. I. Paris: Lahure, 1880, p. 134.
26 "Refuser de juger ... serait réellement ... mettre le désordre dans la société". Laurent, François. Principes de Droit Civil Français. Tome Premier. 5e éd.. Bruxelles: Bruylant-Christophe, 1893, p. 325.

O direito parece ser um fenômeno delimitado por duas exigências incontornáveis: inegabilidade dos pontos de partida e proibição do *non liquet*.[27] Contudo, somente o caráter compulsório da decisão é realmente imprescindível ao direito.

Os pontos de partida só não são geralmente negados em virtude da implacabilidade da obrigação de julgar, pois, caso não existisse uma primacial necessidade de decidir as demandas judiciais, se poderia frequentemente negá-los, sem maiores problemas.

No processo de evolução do direito, muitos pontos de partida foram (e continuam sendo) negados e, ainda assim, o dever de decidir permanece intacto.

A atividade judiciária envolve o processo hermenêutico. Uma interpretação mantida em aberto – desprovida da necessidade de encontrar elementos jurídicos capazes de solucionar os conflitos, advindos da convivência social e relevantes para o direito – converter-se-ia em interminável discussão.

Depois de observado o devido trâmite judiciário, mostra-se indispensável ocorrer uma decisão jurídica definitiva, asseguradora da finalização do processo interpretativo, impedindo a indefinição em relação ao direito postulado em

---

[27] Ferraz Jr., T. S. *Função social da dogmática jurídica*. São Paulo: Revista dos Tribunais, 1980, pp. 81 e ss., pp. 95 e ss. e p. 196.

juízo.

A apresentação de soluções para os litígios, intrínseca ao fenômeno jurídico, afigura-se imprescindível para a realização do direito, pois "ainda que nada tenha ficado provado; ainda que quem decida não saiba quem tem razão; ainda que não saiba qual das partes é a vítima e qual o algoz; ainda que ignore qual das partes o está enganando"[28], persistirá o dever de resolver a contenda sob a responsabilidade judicial; embora não saiba claramente, o juiz deve julgar como se soubesse.[29]

2.1. A concretização do direito.

A concretização do direito consiste na prolação de uma sentença sobre o caso levado à apreciação jurisdicional, visando a sua composição. Indagações a respeito do conteúdo julgado ultrapassam o questionamento acerca da juridicidade do juízo emitido.[30]

---

28 Tesheiner, José Maria Rosa. Estados jurídicos fundamentais. Ônus e direito formativo. O problema da classificação das sentenças por seus efeitos. *Revista da Consultoria Geral do Estado do Rio Grande do Sul*. V. 6, n. 14, pp. 41-80. Porto Alegre: Consultoria Geral do Estado do Rio Grande do Sul/ Instituto de Informática Jurídica, 1976, p. 55.
29 Carnelutti, Francesco. *Diritto e processo*. Napoli: Morano, 1958, p. 265.
30 Ao deixar de vislumbrar o conteúdo, torna-se recomendável desviar claramente das seduções formalistas. Uma decisão não é jurídica por se ajustar a moldes previamente dados, mas por ser emitida por alguém legitimado (institucionalmente autorizado) para o exercício da atividade judiciária.

A decisão jurídica poderá ser considerada errada por alguns e acertada por outros e ser ou não baseada na legislação (por exemplo, uma decisão além da lei, fora da lei ou, ainda, contrária à lei). Embora possa padecer de possíveis equívocos[31] e contrariar disposições legislativas, a decisão, uma vez emanada de pessoas institucionalmente autorizadas[32], deve automaticamente ser considerada jurídica levando, assim, à efetivação da realização do direito.

O direito só não se realizaria caso as autoridades competentes pudessem se negar a decidir a demanda (se a elas fosse facultada a possibilidade de não julgar a controvérsia).

A devida realização do direito constitui garantia constitucional. A legislação constitucional vigente assegura a

---

31 Existem decisões jurídicas condenando inocentes e, não raras vezes, são efetivadas, como nas condenações e execuções da pena capital. A realidade jurídica convive com essas situações. O direito resta incólume na sua condição de direito, apesar dessas constatações. Seria desejável a não eventualidade delas. Entrementes, o relevante é não se desviar de sua incontestável ocorrência. Não se levará em consideração um direito almejado (idealizado), mas sim tal qual ele se configura e, se, na realidade, tais situações acontecem, elas não podem ser desconsideradas. A perspectiva de como o direito deveria ser extrapola os objetivos desse trabalho. Importa dimensionar como o direito se põe na prática e não como se gostaria que ele se colocasse.

32 Os motivos pelos quais alguns indivíduos são legitimados para decidir as controvérsias judiciais se situam, sobretudo, no âmbito político e possuem origens místicas. Delimitá-los mais adequadamente e analisá-los com maior profundidade é amplamente desejável, mas ultrapassam os intentos mais imediatos desse estudo. Recomendável a leitura do magnífico: Hägerström, Axel Anders Theodor. *Das magistratische ius in seinem mit dem römischen Sakralrechte*. Uppsala: Alquimist and Wiksells Boktryckeri a B, 1929.

apreciação judiciária das lesões ou ameaças ao direito.[33] O dispositivo, entretanto, parece desnecessário[34], uma vez que a não exclusão dessa apreciação jurisdicional constitui elemento inerente ao direito, sem o qual ele não se faria realidade.

Caso lesões ou ameaças ao direito pudessem ser excluídas da apreciação jurisdicional, para que o direito existiria? Dispor que o direito não excluirá de sua apreciação lesão ou ameaça ao direito significa dizer – nada mais, nada menos – que o direito será direito. A necessidade de julgar não é fruto do alvedrio das pessoas, nem do legislador, mas pertence ao direito por ser direito e não por outra razão.[35]

Na seara criminal, por exemplo, em caso de dúvida, os juízes podem julgar beneficamente ao réu. No âmbito civil, não

---

33 "A lei não excluirá da apreciação do Poder Judiciário lesão ou ameaça a direito" dispõe o artigo 5º, inciso XXXV, da Constituição de 1988. Em sentido similar, preceituam o artigo 126 do Código de Processo Civil Brasileiro (Alterado pela L-005.925-1973) e o artigo 4º da Lei de Introdução do Código Civil Brasileiro (Decreto Lei nº 4.657, de 4 de setembro de 1942), respectivamente: "O juiz não se exime de sentenciar ou despachar alegando lacuna ou obscuridade da lei. No julgamento da lide caber-lhe-á aplicar as normas legais; não as havendo, recorrerá à analogia, aos costumes e aos princípios gerais de direito". "Quando a lei for omissa, o juiz decidirá o caso de acordo com a analogia, os costumes e os princípios gerais de direito".
34 Esta disposição é omitida em muitas legislações "pela simples razão de que se entende por si só. Ennecerus, Ludwig, Kipp, Theodor e Wolff, Martin. *Lehrbuch des Bürgerlichen Rechts*. Band 1: Allgemeiner Teil des Bürgerlichen Rechts. 15. neubearbeitete Auflage von Hans Carl Nipperdey, Halbbd.1. Tübingen: J. C. B. Mohr, 1959, p. 336, nota 1.
35 Cossio, Carlos. *La plenitud del ordenamiento jurídico*. 2ª edição. Buenos Aires: Losada, 1947, p. 157.

sendo possível constatar quem provocou a lesão, devido à dúvida inafastável acerca do fato relatado, pode ser considerado improcedente o pedido autoral. Numa ação de responsabilidade civil sobre acidente de trânsito, com uma colisão entre um automóvel e bicicleta, houve prova conflitante a respeito da dinâmica do acidente. Neste caso, o desembargador Fábio Vieira Heerd, do Tribunal de Justiça do Rio Grande do Sul, ponderou que não sendo "possível chegar-se à conclusão se houve ou não colisão e se, havendo ou não, teria sido motivada por esta ou aquela manobra culposa do autor ou da ré", melhor seria negar provimento ao recurso do autor.[36] Mesmo quando um juiz nega o provimento, ele não deixa de decidir a demanda.

2.2. O direito e a atividade jurisdicional.

A judicatura surge da inevitabilidade da prestação jurisdicional, pressupondo, assim, decisões para as questões em tramitação judicial. Ela requer a existência de indivíduos encarregados da tarefa de julgar, que não podem se furtar a exercê-la, sendo-lhes forçoso, em suas atuações, resolver os casos judiciais.[37]

---

36 Acórdão 71003176179- TJ-RS, relator Fábio Vieira Heerd, julgado em 16/22/2012 e publicado no DJe em 17/02/2012.
37 Duranton, Alexandre. *Cours de Droit Civil Français*; suivant le code civil. Tome Premier. 3e éd.. Paris: Alex-Gobelet, 1834, pp. 55 e 56.

A vida exige uma solução para toda questão de direito dela emergente e o julgador está obrigado (quando a questão lhe for submetida) a dar a solução, a pronunciar o direito.[38]

As sociedades humanas desenvolveram mecanismos de solução de conflitos operados por meio de terceiros. Incumbe-lhes julgar, compor a lide mediante a realização do direito, atuando quando demandados, não sendo admissível o inadimplemento dessa tarefa, "devendo responder, subitamente, a todas e quaisquer questões impetradas em seu âmbito de competência, com um claro "sim" ou "não", não podendo dar para elas nem *ignoramus* nem *ignorabimus*".[39] Coíbe-se, portanto, a autotutela.

O direito não pode ser denegado, pois, ao dirimir conflitos, satisfaz uma necessidade social: organizar a resolução das discordâncias entre os homens (não significando que resoluções efetivas sempre sejam alcançáveis ou mesmo possíveis).

Os encarregados da prestação jurisdicional são investidos de autoridade para resolver o litígio. A jurisdição[40] tornou-se

---

38 Enneccerus, L., Kipp, T. und Wolff, M. *Lehrbuch des Bürgerlichen Rechts*. Band 1: Allgemeiner Teil des Bürgerlichen Rechts. p. 336.
39 Bülow, Oskar. *Gesetz und Richteramt*. Leipzig: Duncker & Humblot, 1885, pp. 5 e 6.
40 No mesmo sentido, com leves diferenças conceituais, Cintra, Antonio Carlos de Araújo; Grinover, Ada Pellegrini & Dinamarco, Cândido Rangel. *Teoria Geral do Processo*. 15ª edição, revista e atualizada. São Paulo: Malheiros, 1999, p. 293.

uma função social e o seu exercício, obrigatório. Aquele a quem compete julgar, adequadamente provocado, não pode se escusar de atuar no processo.[41] Uma vez que não se pode afastar a tutela jurisdicional[42] – pois tal conduta resultaria em nítida denegação do direito – não é admissível ao julgador lavar as mãos e pronunciar um "não está claro" em uma causa inquietante ou difícil.

2.3. A decisão como elemento constituinte do direito.

A decisão é um dos elementos formadores do direito. Porém, antes de analisá-la no processo de constituição do direito, importa levar a cabo uma análise mais detida em torno da origem e do significado do vocábulo decisão.

Decisão é o ato de decidir. Decidir[43] é emitir (por alguém

---

41 "O juiz tem o dever de despachar, de decidir, de sentenciar, porque ele é o revelador do direito, buscando-o onde possa encontrá-lo, na forma escrita ou fora dela, se necessário. Ele é o intérprete, e o intérprete – na feliz expressão de Clóvis Beviláqua – é um criador, como o artista". Paula, Alexandre de. Código de Processo Civil Anotado. Volume I. 6ª edição, revista e atualizada. São Paulo: Revista dos Tribunais, 1994. p. 627.
42 A garantia do não afastamento da tutela jurídica decorre da proibição do non liquet. Caso não existisse o dever de decidir, a tutela poderia ser afastada sem maiores dificuldades e sem engendrar, desse modo, graves consequências. Ela não é meramente correlata, mas completamente subsidiária da obrigação de julgar, perdendo sua razão de ser, se permitisse aos julgadores se escusarem de julgar.
43 Em inglês: *to decide*, em francês: *décider*, em espanhol: *decidir*, em italiano:

com autoridade ou poder para julgar) juízo sobre uma causa. É resolver alguma controvérsia pronunciando-se acerca dela com o intento de debelá-la, apresentando uma solução para ela (não necessariamente em contornos definitivos mas, ao menos, em termos pontuais).

Decidir é deliberar acerca de algo. Decisão envolve escolha, opção, eleição. O verbo "decidir" (*dēcĭdo*[44], *ĕre*, *cīdi*, *cīsum*) compõe-se do prefixo "de-" (dis-) e do verbo *caedo, is, cecídi, caesum, caedère*[45] significando, em português, "cortar, talhar, romper, cair, reduzir, despedaçar a golpes, matar". O étimo "-cida (-cidio)", posposto, aparece em termos como suicídio, homicida, parricida.

Decidere[46] (*de-cidere*) remete à noção de movimento de

---

decidere, em alemão: *entscheiden*, possuindo, em todas elas, o significado de emitir um juízo, uma sentença para definir uma causa, tomar uma decisão, uma resolução, adotar um provimento concedendo-o a condição de valor decisivo (determinando algo).
44 Em latim as palavras não são acentuadas. Nas vezes em foram acentuadas nesse trabalho, busca-se evidenciar as entonações.
45 É verbo transitivo e não deve ser confundido com o verbo intransitivo cado, -is (cadis), cedici, casum, dere (cadere), que também significa cair.
46 "decidere pennas" (Hor. Ep. 2, 2, 50): "cortar as asas... "equo decidere": "cair do cavalo"... "ex astris decidere": "cair dos astros"; "sucumbir-se (desprender-se (cair) do cume da glória)"... "poma ex arboribus decidunt" (Cic. de Sen. 19): "os frutos caem das árvores". Em todas essas expressões latinas está presente a ideia de queda. Decidere não simboliza simplesmente um "cortar" ou um "cair", mas um cortar para que caia, remete à noção de que algo é cortado de cima para baixo e, por esse motivo, cai. Repercute, portanto, acepção de um fazer cair, por exemplo, em "in fraudem decidere": "cair numa armadilha", indicando movimento de descida do alto para baixo.

cima para baixo (*de-*) e cortar (*cidere*), cortar de cima para baixo, cortar fazendo cair.⁴⁷ Os usos mais remotos do vocábulo *decisum*, indicando sentença (decisão jurídica), apontam para as antigas concepções místicas do direito.⁴⁸

O *decisum* fazia com que o indivíduo caísse (fazer cair), donde o pospositivo do latino –*cidìum* "ação de quem mata ou o seu resultado", formador de substantivo de ação ou resultado, conexos com o elemento composto pospositivo –*cida*, derivados do radical do verbo *caedo, is, cecídi, caesum, caedère*, que, por sua vez, possui o sentido de "deitar abaixo (postando-se), imolar".⁴⁹

O *decisum* deveria fazer com que o condenado se deitasse virado para baixo (imolando-se), para receber a sanção (do latim *sanctio, ónis* ("ação de sancionar, sanção"), termo derivado do radical de *sanctum*, supino de *sancìo, is, sanxi* ou *sancívi, sanctum* ou *sancítum, sancíre*, isto é, *sanctione* quer dizer, expressamente, "ato

---

47 "decidere vectigal ad tertiam partem" (Lampr. Alex. Sev. 38): "cortar o imposto à terça parte", "fazer cair o imposto à terça parte", ambos dando a ideia de redução do imposto à terça parte.

48 Acerca da questão do caráter mágico das antigas noções de direito, isto é, das superstições jurídicas, conferir, entre outros, o opúsculo de Karl Olivecrona. Zur Frage des magischen Charakters der älteren Rechtsvorstellungen. *Kungliga Humanistiska Vetenskapssamfundets i Lund Arsberättelse* (Bulletin de la Société Royale des Lettres de Lund). Vol. I, pp. 1-15. Lund: Cwk Gleerup, 1956-57.

49 Com apofonia (ver ces-), em compostos cultos a partir do século XIV: todos os substantivos de agente relacionados em -cida têm correlatos substantivos de ação ou resultado em -cídio. Houaiss, Antônio e Villar, Mauro de Salles. *Dicionário Houaiss da língua portuguesa*. Rio de Janeiro: Objetiva, 2001, p. 714.

de tornar sagrado", "santificar-se".

O *decisum* corta a controvérsia (matando-a) e, ao mesmo tempo, exige do condenado uma imolação santificadora. Após a sagração, retorna à santidade, à retitude (direito, *derectum, directum (di-rectum)*.

A humanidade, em sua extrema complexidade e variabilidade, não raro, surpreende os mais perspicazes ao estabelecer certas coerências às quais somente os que ainda insistem em negar o caráter nitidamente mágico do direito são incapazes de se render.[50]

Outra ilação possível e compatível com a posição aqui adotada, embora a desenvolvida no parágrafo anterior seja preferível a esta, é a concepção de *decidire* significando talhar.

A decisão seria o acabamento jurídico em cada situação tutelada. O direito remete à noção de algo por terminar (por talhar), como se os casos levados à apreciação judiciária fossem disformes (sem os devidos acabamentos).

Os conflitos judiciais poderiam ser entendidos como "deformidades" à procura de "conformações" (judiciárias). Nesse sentido, conformar significa "talhar a deformidade", fazendo-a recobrar uma "forma juridicamente aprazível". O direito, ao decidir o feito judicial, "talha-o", "cortando (fazendo

---

[50] Abordando o direito como magia, veja, entre outros, o sensacional artigo de Arthur José Almeida Diniz. O Direito como magia. *Revista Forense*. V. 87, n. 313, pp. 21-31, jan/mar. Rio de Janeiro: Forense, 1991.

cair)" o que, após a decisão judiciária, não deve continuar.

Tomar uma decisão corresponderia a fazer um corte em um processo de avaliação das diferentes perspectivas de um problema, depois de ter analisado as múltiplas proposições, os relatos e os argumentos oferecidos. Quem decide parte de algum substrato, vai talhando-o, retirando dele inconveniências.

A ideia de cortar, prévia à decisão, advém do fato de que, antes de se chegar à decisão, há controvérsias, contradições, disputas, argumentos. A decisão corta essas discussões. A noção de separar (cortar), interessante notar, também está presente no que se antepõe ao decidir, porém em outro sentido: por exemplo, em crise, discussão, análise.

Em direito, precisamente, decisão é "o pronunciamento acerca das consequências jurídicas produzidas no caso concreto ou que se devem produzir. As decisões mais importantes são as sentenças".[51] O direito provoca oposições diversas, em que se deve optar por uma e rejeitar as demais, isto é, há um confronto de perspectivas e deve acontecer a escolha de uma e o descarte de outras.

As palavras latinas *statuere, constituere, secernere*, entre outras, referem-se ao momento do discernimento, à reflexão precedente ao ato de cortar. A palavra "decisão", em sua acepção moderna, pressupõe que dois atos separados se fundam

---

51 Schönke, A. *Lehrbuch des Zivilprozessrechts*. pp. 318 e 319.

em um único momento: decisão é, concomitantemente, discernir e cortar.

Falhas teóricas foram e continuam sendo cometidas em virtude da crença enganosa de que a decisão não integra o direito. Muitos imaginam a função judicante como aplicação do "direito". Acreditam na existência de um "direito" anterior à decisão jurídica. É errôneo pensar assim.

O direito, embora não possa ser reduzido exclusivamente à decisão, certamente a engloba, ele não a precede, mas a abrange na sua composição. O direito não se apresenta apenas como decisão, mas não se pode concebê-lo sem esse elemento.

Os demais elementos formadores do direito, com a exceção da inevitável tomada de decisão, são incertos. A exigibilidade de uma resposta jurisdicional é o único elemento não contingente no direito. Não existe direito sem decisão. Isso não significa, contudo, que o direito seja *somente* decisão.

O elemento indispensável, para que o direito se estabeleça como tal, é a ocorrência da decisão jurídica. Por outro lado, pode-se concebê-lo, por exemplo, sem um arcabouço legislativo expresso. Ele pode ser realizado em sua plenitude por meio de uma decisão compondo um conflito judicial e essa pode ser uma decisão que não leve necessariamente em consideração um dispositivo legal.

As fortes tentações reducionistas, defensoras da

perspectiva de que o direito se resume às profecias sobre a ação efetiva dos tribunais[52], devem ser, no entanto, evitadas. O direito não equivale ao que os tribunais decidem, tampouco à capacidade de antecipar o que eles decidirão (probabilidades em geral), mas apenas inclui (abrange também) a decisão jurídica.

O pensamento "latente, que coloca o direito já concluído como algo estático fora da atividade judicial, é resultado do vício "intelectualista" que contamina ainda o pensamento jurídico dominante".[53] Frise-se que "uma decisão jurisdicional não possui, como por vezes se supõe, caráter meramente declaratório". Os investidos do ofício de julgar não devem somente descobrir e declarar um direito precedente e definitivamente produzido, isto é, não têm de "simplesmente encontrar e enunciar um direito já previamente acabado, cuja produção já foi encerrada".[54]

A proibição de denegar o direito é um postulado autoevidente. Ainda que faltasse um dispositivo legal regulando-o expressamente, ele deveria existir como condição de existência do direito. A possibilidade de sua denegação exclui a sua possibilidade lógica[55], sendo, portanto, lamentável a persistência

---

52 Holmes, Oliver Wendell. The path of Law. *Harvard Law Review*. Vol. X. Cambridge, Mass: The Harvard Law Review Publishing Association, 1897, p. 461.
53 Cossio, C. *La plenitud del ordenamiento jurídico*. p. 60.
54 Kelsen, Hans. *Reine Rechtslehre*. 2. Auflage. Wien: Franz Deuticke, 1960. p. 243.

de algumas teorias jurídicas em insistir que o princípio da impossibilidade da denegação do direito é somente mais uma norma jurídica positiva, podendo não viger em diferentes ordenamentos.[56]

---

55 Referindo-se ao artigo 7 do Projeto de Código Civil Argentino, ponderou acertadamente Carlos Cossio: "non se trata de una norma contingente, sino de una norma necesaria del orden jurídico constitutiva de este mismo; como tal, representa algo de la acción jurídicamente considerada o comportamiento jurídico en general, cuyo pensamiento contrario es impensable sin hacer desaparecer la calidad jurídica del obrar". A presença do artigo 7, continua Cossio, "es tan ineludible en el orden jurídico, que deben de ser atendidos como una premisa inarticulada en aquellas legislaciones que han omitido un texto expreso" Cossio, Carlos. *La plenitud del ordenamiento jurídico*. 2. edición. Buenos Aires: Editorial Losada 1947. pp. 154 e 140. O texto do artigo 7 dispõe o seguinte: "Los jueces no se abstendrán de juzgar por silencio, oscuridad o insuficiencia de las leyes".
56 "É necessário enfatizar que a proibição de "denegar justiça" não é um princípio de "lógica jurídica" nem algo do gênero; trata-se somente de uma norma jurídica contingente (que pode valer ou não valer nos diversos ordenamentos)". Guastini, Riccardo. *Dalle fonti alle norme*. Seconda edizione. Torino: Giappichelli, 1992. p.141.

3. O RACIOCÍNIO JURÍDICO E SUA POSIÇÃO ANTE O PENSAR.

O pensamento é algo insondável. O homem possui apenas vagas noções acerca de sua real configuração. Entre elas a de que se trata de uma atividade mental constituída por um conjunto de operações realizadas pelo cérebro humano[57], envolvendo racionalizações intelectuais, abstrações imaginativas, emoções sentimentais e outras inumeráveis conexões possíveis.

Este capítulo não tem por propósito discutir o significado do pensar ou da experiência do pensamento.[58] É o desnudamento do raciocínio jurídico que se tem aqui por objetivo. Descobrir em que medida o raciocínio jurídico se diferencia dos demais modos do raciocinar humano é essencial à compreensão do que faz dele um modo singular de pensar.

O raciocínio jurídico, em suas múltiplas facetas, mostra-se complexo e variável. O pensamento em geral também se apresenta assim. Apesar de possuir certa especificidade, não

---

57 Em neurociência, são denominadas sinapses. Nesse sentido, para um maior aprofundamento, conferir, entre outros; Larry Ryan Squire, Darwin Berg, Floyd E. Bloom, Sascha du Lac, Anirvan Ghosh. *Fundamental Neuroscience*. 4th edition. Academic Press, 2012. Walter, Henrik e Müller, Sabine. *Neuronale Grundlagen des Bewusstseins*. Springer Berlin Heidelberg, 3e Auflage, 2012.
58 Para maiores incursões em tal temática, conferir, entre outros, Fuchs, Thomas. *Das Selbst – Konstruktion oder Realität?*. Springer-Verlag GmbH Berlin Heidelberg, 2012.

deixa de se valer das múltiplas maneiras de pensar existentes. É, em alguma proporção, também um raciocinar comum, místico, filosófico, científico. O perceber jurídico deve ser encarado como forma de percepção da realidade, na medida em que "perceber conscientemente significa escolher, e a consciência consiste antes de tudo nesse discernimento prático".[59] Importa, entretanto, centrar no ponto que o distingue das demais formas de pensar e enfatizar o seu caráter peculiar. Qual particularidade contém em si a maneira de raciocinar do jurista e que, de certo modo, a individualiza?

O raciocínio jurídico possui peculiaridades que o distinguem do raciocínio científico. Trata-se de raciocínio que não pode ser estudado sob um enfoque mecanicista. Ele não é construído a partir de uma lógica de comprovação de evidências (na base do falso-verdadeiro). Raciocinar juridicamente não pressupõe determinismo, isto é, não há sentidos estabelecidos por causas que independem da vontade. O raciocínio científico se dá pela verificação; o raciocínio jurídico, por outro lado, implica necessariamente decisão.[60] No entanto, apesar da

---

[59] "percevoir consciemment signifie choisir, et la conscience consiste avant tout dans ce discernement pratique". Bergson, Henri. *Matière et Mémoire*. 46ª édition. Paris: Presses Universitaires de France, 1946. p. 48.

[60] "Legal arguments are intended to be correct, if they are not, they could produce legal desinterpretation and misunderstanding (...).Thus correctness plays the role of a standard requirement by which both the individual arguments and the conclusion itself are measured. While creating a linear string of arguments, the participants of such a language game prefer clear

existência – e convivência – de diversas decisões conflitantes, "mudanças de posição" dos juízes de um julgamento para o outro – e, por vezes, no curso do próprio julgamento – e do argumento desenvolvido até aqui de que decisões judiciais não são fruto de dedução – uma vez que o mero seguir de passos lógicos não pode ser considerado uma decisão –, muitos são os autores que ainda acreditam na existência de decisões "corretas" e "lógicas". Essa crença tem de cair por terra, de uma vez por todas.

3.1. O raciocínio jurídico e o caráter inexorável da decisão jurídica.

A obrigação de julgar confere ao raciocínio jurídico especificidade. É ela que diferencia o julgamento dos demais modos de raciocinar.[61]

Ressaltando as peculiaridades, seria possível imaginar a

---

and intelligible reasoning usually built up on the deductive method." Hlouch, Lukáš. *Models of Legal Reasoning: an Attempt of a Practical View*. pp. 74-75. Quanto à diferença entre o processo lógico e o processo cognitivo – necessário à sentença – enuncia o neurologista Raymond Tallis: "We need it of course but I don't believe the brain adequately explains the mind. I say this reluctantly as a neuroscientist but the human mind is much more than a series of intra-cranial events." Tallis, Raymond. *Beyond the Grey Matter*. The big issue in the north, 7-11 december 2009. Disponível em http://www.raymondtallis.com/downloads/BITN%20802_20.pdf.
61 Ballweg, Ottmar. La rationalité prudentielle. In: *Archives de Philosophie du Droit*. Vol. 23, pp. 257-264. Paris: Sirey, 1978, p. 257.

preponderância de determinadas características cingindo-se ao pensamento jurídico. Considerando que os mais variados tipos de pensamento não são estanques, mas dinâmicos e inter-relacionados, pode ser afirmado, por exemplo, que o pensamento comum envolve acentuadamente sensações, o filosófico envolve dominantemente reflexões, o estritamente científico envolve mais intensamente verificações, o místico envolve de maneira mais realçada convicções (crenças) e o jurídico envolve de modo mais destacado decisões, isto é, o jurista deve **raciocinar tendo em mente** que **uma decisão deverá inevitavelmente ser tomada.**

O pensamento comum é o pensamento das sensações. Relaciona-se fortemente com a sensibilidade e, como tal, está sujeito à aparência e à subjetividade. No pensamento comum não se lida com verdades e falsidades, mas com a mera opinião. É derivado de impressões, sobre as quais não parecem figurar elaborações que transcendam o imediato. Aparenta ser tipicamente situacional e informativo. É o pensamento que permeia uma conversa sobre o tempo, sobre os fatos de uma manhã agitada. Este pensamento, portanto, opera sobre dados sensíveis da realidade: sensações, medos, preconceitos, traumas.

A cognição move-se conduzida pelas experiências percebidas ao longo do existir, e guia-se conforme o conjunto de convicções herdadas no decorrer do tempo vital. Esse arcabouço fenomênico configura-se aos moldes das inúmeras variáveis que compõem determinada condição de vida – formação intelectual, criação familiar, vivência cultural e contato com outras formas de costumes, etc. –, são aspectos que compõem a essência possuída pelo ser humano e que, de alguma forma, constituirão a base de sua ideologia e de seu juízo sobre os fatos que presenciará.

Também a posição do indivíduo no espaço age como influência à ponderação a ser emitida. Os juízos, assim como a profundidade dispendida à análise de um fato, tendem a divergir conforme o papel ocupado seja de mero observador ou de protagonista de certo acontecimento. Pode-se afirmar que a proeminência do pensamento opinativo tende a majoração quando a situação é vivida pelo próprio sujeito, pois se trata de assunto cuja esfera de alcance afeta diretamente o âmbito pessoal do indivíduo.

O juízo imparcial pouco espaço possui em situação concernente à esfera íntima da pessoa. São distintos os pensamentos do julgador e os das partes de uma demanda, e isso é ainda mais notável na medida em que o assunto discutido concede espaço para traços filosóficos ou ponderações pessoais.

A discussão quanto à possibilidade de aborto de fetos anencefálicos gerou uma série de argumentos baseados na experiência de pessoas familiarizadas intimamente com a situação. Discordantes do discurso médico, casais que vivenciaram um diagnóstico de anencefalia durante a gestação, e puderam conviver com a criança possuidora de tal patologia, trouxeram à tona uma visão distinta do ser humano em tal condição.

Explora-se a existência de manifestações sentimentais, reações a estímulos e a incerteza do diagnóstico emitido pela medicina nesses casos. A opinião de tais famílias advém de sua própria vivência e das impressões que obtiveram por meio de uma realidade casuística. São argumentos em que a comprovação é inferível somente da própria experiência[62], mesmo porque empreender experimento científico que o comprovasse seria eticamente reprovável.

A construção do pensamento opinativo não é restrita à experiência prática, mas compõe-se também das ideologias apreendidas e informações acessadas ao longo da existência individual. Defensores da antecipação terapêutica do parto de

---

[62] Caso que inclusive influenciou o julgamento dos ministros do STF entre a concessão da liminar que permitiu o aborto de fetos anencéfalos e a efetiva permissão foi o de Severina, cuja história rendeu um documentário dirigido por Débora Diniz. O filme narra a dolorosa peregrinação de Severina, moradora de Chã Grande, no interior de Pernambuco, em busca do direito de abortar o feto sem cérebro que carregava no útero. No dia em que o Supremo cancelou o direito ao aborto, Severina estava internada num hospital para interromper a gravidez de quatro meses. A história desta mãe severina termina em um longo e doloroso dia, que não foi presenciado pelos juízes. A íntegra do documentário pode ser conferida em http://www.youtube.com/watch?v=65Ab38kWFhE (22 minutos).

fetos anencéfalos apontam os direitos da mulher como uma das legitimantes do procedimento. Ainda, é mencionada a laicidade do Estado como fator que conduziria à legalização da interrupção da gravidez nesses casos, pois considerá-la crime estaria, sob essa ótica, resguardando valores advindos da dogmática cristã.

Tais averiguações não são verdades absolutas. Constituem, antes, divagações possíveis – e muitas vezes sensatas – sobre a problemática do aborto de anencéfalos. Não há nem mesmo um compromisso com a verificação do que é afirmado, ou com possíveis efeitos de tal discurso, pois se tratam de expressões da subjetividade individual, que é supostamente livre de consequências concretas e não arca com o peso de possíveis consequências, o que só se possibilita dentro do pensamento comum, opinativo.

A expressão mística, diferentemente, não é livremente emitida, submete-se a dogmas e ideologias próprias da doutrina que a proclama. No caso da doutrina cristã, especificamente no modelo católico, imputa-se uma sacralização absoluta do direito à vida, impassível de ponderação com outros direitos. A despenalização do aborto em caso de anencefalia guardaria semelhança ao assassinato, pois corresponderia a impedir o nascimento de um ser com vida, mesmo que precária e efêmera. Alguns, aliás, sequer chegam a reconhecer neles vida.

A argumentação de teor místico é proferida com base em reflexões pré-concebidas que não admitem flexibilizações contundentes. Deve-se aplicar, e muitas vezes articular, um dogma a uma situação específica, de modo que se mantenha a congruência com um preceito maior, pois é esse preceito que legitima e, ao mesmo tempo, coordena a construção do pensamento de ordem mística. Assim, a conveniência dos efeitos do discurso devocional não estaria sujeita a um juízo terreno; resta somente pensar conforme os doutrinamentos, e não julgar o caso, pois a regência da conduta humana seria atributo de um plano transcendental.

Como num contraponto ao misticismo, o pensamento filosófico trabalha numa ampliação da compreensão da realidade. Busca-se uma imparcialidade e uma transcendência cognitiva que permita vislumbrar o máximo da essência daquilo que está sob reflexão. Trabalham-se questionamentos e tentam formular princípios basilares – que poderão ter sua validade posta em sucumbência noutro momento, pois não há compromisso com qualquer ideologia formada.

A partir de uma perspectiva cética, abordar-se-ia a controvérsia da seguinte forma: "Em geral, contra o aborto, alega-se que: é errado matar um ser humano inocente (premissa maior, normativa); um feto humano é um ser humano inocente (premissa menor, factual); portanto, é errado matar um feto humano (conclusão). Em favor do direito ao aborto, em geral, argumenta-se contra a segunda premissa acima: um feto humano não seria, desde o início da gestação, um ser humano desenvolvido, pois ele se forma gradualmente".[63]

Já o pensamento científico é fortemente fundado na descrição, na formulação de hipóteses e suportado por fatos extraídos da experimentação. Linguagem científica pode ser encontrada em artigo científico publicado em periódico como: "Anencefalia é um defeito congênito (do latim "congenitus", "gerado com"). Começa a se desenvolver bem no início da vida intrauterina. A palavra anencefalia significa "sem encéfalo", sendo encéfalo o conjunto de órgãos do sistema nervoso central contidos na caixa craniana. Não é uma definição inteiramente acurada, pois o que falta é o cérebro com seus hemisférios e o cerebelo: Uma criança com anencefalia nasce sem o couro cabeludo, calota craniana, meninges, contudo o tronco cerebral é geralmente preservado. Muitas crianças com anencefalia morrem ainda no útero ou durante o parto. A expectativa de vida para aquelas que sobrevivem é de apenas poucas horas ou dias, ou raramente poucos meses".[64]

---

[63] Bonella, Alcino Eduardo. *A Ética do Aborto*. Revista Filosofia, Edição nº 81, disponível em http://filosofiacienciaevida.uol.com.br/ESFI/Edicoes/65/artigo243394-1.asp. Acesso em 21.05.2013.

[64] Definição fornecida pela Comissão Nacional de Bioética italiana; Comitato nazionale per la bioetica. "Il neonato anencefalico e la donazione

O raciocinar jurídico, diferentemente dos demais raciocínios, vive mais proximamente com a exigência da tomada de decisão. Evidentemente, ele envolve sensações, reflexões, experimentações e convicções. Entretanto, o que lhe torna um pensamento singular é a necessidade de decidir as ações jurisdicionais.

O saber jurídico é um saber relacionado ao dever de julgar. A verificação e a reflexão empreendidas na análise de uma demanda podem restar insatisfatórias e, ainda, ocasionalmente não se acreditar na decisão a ser tomada e o sentimento apontar em sentido diverso, todavia, mesmo assim, continuará firme a necessidade de apresentar uma sentença para as demandas juridicamente tuteladas.

Quando da admissão do aborto de fetos anencéfalos, em uma sociedade predominantemente católica, na qual a bancada religiosa tem presença relevante no Legislativo e mesmo no Judiciário, o Plenário do Supremo Tribunal Federal (STF), julgou procedente, por maioria, o pedido contido na Arguição de Descumprimento de Preceito Fundamental (ADPF) 54 para declarar a inconstitucionalidade de interpretação segundo a qual a interrupção da gravidez de feto anencéfalo é conduta tipificada nos artigos 124, 126 e 128, incisos I e II, todos do Código Penal. Apesar da existência de votos contrários (ministros

---

di organi". 21 giugno 1996, p. 9.

Ricardo Lewandowski e Cezar Peluso) chegou-se a uma conclusão. Decidiu-se. Inovou-se.

3.2. Direito, contingência e impossibilidade metodológica.

O direito não se submete a um método. Não é apreensível mediante o uso preciso de uma cientificidade (estrita), norteadora de um trajeto previamente demarcado e devendo ser necessariamente percorrido, para lograr contornos cognoscitivos adequados. É equivocado concebê-lo como um proceder (*modus*, processo) em busca de um fim (*telos*) específico.

O propósito jurídico escapa à intencionalidade metódica e, consequentemente, repele pressupostos condicionantes, uma vez que "o direito não é um objeto que seja cognoscível, mas uma maneira em que é possível agir e, portanto, não é um conhecimento (complexo de noções que uma pessoa possui em relação a uma disciplina), mas uma expressão da vida. O direito não é conhecido, mas criado".[65]

O direito marcha sem rumo. Insiste em não seguir, regularmente, direções definíveis. Mostra-se como algo

---

65 Kallab, Jaroslav. *Úvod ve studium metod právnických*. Vol. I. V Brně: Barvič & Novotný, 1920. p. 123.

dinâmico e relativo. Relaciona-se às presunções individuais, tornando-se, em alguma medida, "uma suposição de acordo com cada um".[66] Isso origina enormes inconstâncias e instabilidades, o que impossibilita as sistematizações em seu âmbito.

Assim como a psicologia, a psiquiatria e as artes plásticas não admitem uma "sistemática" ou uma ciência, o direito parte do mesmo pressuposto: o ser humano. O ser humano único, falho, com seus pré-conceitos característicos, experiências diversas, histórias de vida variadas, compreensões de mundo conflitantes.

A imprevisibilidade de ações faz os homens humanos. Ser humano é poder fazer escolhas, a partir de certos pontos de vista, injustificáveis. Assim como não há duas pessoas idênticas neste mundo, as formulações experimentais de modelos jurídicos jamais resultarão em estruturas idênticas e completas. Uma linha de pensamento consistente quanto ao fenômeno jurídico não é suscetível de eliminar outras.

Na ciência, existem teorias que encerram modelos não necessariamente compatíveis entre si. Os modelos são consistentes e baseados em teorias plenamente verificadas. No entanto, tais modelos teóricos são, muitas vezes, incompatíveis entre si. Nestes, hipóteses norteadoras de um modelo, levam a

---

66 Engliš, Karel. *Věčné ideály lidstva*. Praha: Vyšehrad, 1992, p. 60.

uma contradição no outro e vice-versa. Este é um fenômeno relativamente comum na ciência. O modelo atômico de Bohr, por exemplo, precisa supor que a teoria clássica do eletromagnetismo não é aplicável à escala atômica.[67]

A teoria geral da relatividade e a física quântica são consistentes, embora provadas isoladamente a partir de inúmeros experimentos científicos. Ambas as teorias serviram como suporte teórico para muitas das utilidades tecnológicas usadas no dia-a-dia, como os telefones celulares e os aparelhos de GPS. Não obstante, essas teorias dão origem a paradoxos, o que poderia levar à suposição de que estão erradas. Há, portanto, um paradoxo no uso consistente dessas teorias na vida cotidiana. Como aprovar e utilizar parâmetros, em si, contraditórios? Como lidar com a possibilidade de que uma mesma teoria, uma mesma ciência, um mesmo pensamento dê ensejo a resultados contrapostos?[68]

---

67 "Bohr (and others) thought that Planck's constant must somehow play a role in determining the size of the orbit. After all, it did play a role in restricting allowed orbital changes in the oscillators in black body radiation -- and these oscillators, although not very clearly understood, were of the same general size as atoms. So evidently the standard picture of how an oscillating charge radiated couldn't be right at the atomic level. Bohr concluded that in an atom in its natural rest state, the electron must be in a special orbit, he called it a 'stationary state' to which the usual rules of electromagnetic radiation didn't apply. In this orbit, which determined the size of the atom, the electron, mysteriously, didn't radiate." Fowler, Michael. *The Bohr Atom*. Disponível em: http://galileo.phys.virginia.edu/classes/252/Bohr_Atom/Bohr_Atom.html . Acesso em 19/04/2013.

As ciências naturais partem de conjecturas, que precisam de confirmação experimental, num processo gradual e cumulativo de formulação e experimentação, confirmação ou rejeição de hipóteses. O processo de construção do conhecimento vai se expandindo, do particular ao geral, com pequenos incrementos baseados em recortes da realidade, movendo-se em direção a uma síntese que busca a totalidade do conhecimento sobre o assunto. Contudo, conjecturas que contradizem teorias aceitas e cuja validade pode ser igualmente confirmada à luz de novas descobertas científicas podem contribuir para a compreensão de vários fenômenos biológicos, sem que o fato implique necessariamente rejeição a uma delas.[69]

A distinção de ideias com o objetivo de melhorar a compreensão do fenômeno científico foi, durante muito tempo, um dos pilares do método científico. A dissecação da realidade por meio da separação de ideias deu ensejo à compartimentalização do conhecimento e ao conhecimento

---

68 Novikov-Borodin. *Quantum Theories and Relativistic Approach*, 2009. Introdução. Disponível em: http://arxiv.org/ftp/arxiv/papers/0901/0901.3962.pdf.

69 Tome-se, por exemplo, Jacques Monod que conjectura a respeito da imprevisibilidade de fenômenos na biosfera, questionando o darwinismo clássico na medida em a evolução natural se processaria, não como um progresso formado por acumulações necessárias de pequenas mudanças, mas sim a partir de modificações bruscas e aleatórias. Gehring, Walter J. Chance and Necessity in Eye Evolution, *Oxford Journals*, 2011, Introdução. Disponível em http://gbe.oxfordjournals.org/content/3/1053.full. Acesso em 21.05.2013.

especializado. Este princípio de separação e ordem prevaleceu na ciência até o século XX, quando a indeterminação passou a ser objeto da ciência, pondo em xeque o paradigma cartesiano da separação, da ordem e da certeza.[70]

Existem fenômenos que não podem ser compreendidos de forma isolada. Para compreendê-los faz-se necessária contextualização e visão sistêmica incompatíveis com a autonomia do conhecimento hiper-especializado. Todavia, além da incerteza trazida à tona pelos desdobramentos da física quântica, a completude dos sistemas é, comprovadamente, uma impossibilidade. Nesse sentido, no início do século XX, Kurt Gödel demonstrou a inviabilidade de que um sistema se auto-justifique; por mais completo e coerente que seja, não dispõe de meios próprios para se explicar. Sua demonstração baseada em

---

[70] Nesse sentido o sociólogo Edgar Morin aduz: "A partir do início do século ocorre algo de realmente revolucionário no campo da ordem e da certeza: é o surgimento da desordem e da incerteza. A desordem traz o incerto porque não temos mais um algoritmo, não temos mais um princípio determinista que permita conhecer as consequências de tal ou tal fenômeno. E como surgiu essa desordem? Surgiu quando Boltzman autentificou no século XIV o fenômeno calorífico como sendo um fenômeno de agitação ao acaso das moléculas e, nesse momento, enunciou o segundo princípio da termodinâmica, dizendo que no tempo a entropia tende a crescer, quer dizer, há perda da capacidade da energia de se transformar em trabalho, traduzida também por uma tendência à desintegração do que é ordenado ou integrado. (...) A ciência, rainha da ordem, tornou-se uma ciência que busca fazer dialogar a ordem com a desordem, e isso é evidentemente um fenômeno que tem um papel nessa espécie de renovação epistemológica que se inicia com Bachelard e Popper." Vega, Alfredo Pena; Nascimento, Elimar Pinheiro. (Org.) *O Pensar Complexo - Edgar Morin e a crise da modernidade*. Rio de Janeiro: Garamond, 1999. p. 25.

lógica formal esclareceu com rigor os limites do nosso entendimento.[71]

Ilya Prigogine, físico russo, também chegou à conclusão científica de que os sistemas considerados pela física, se considerados individualmente, não conseguem explicar as leis da natureza. Ele propõe, assim, uma consideração ampla e individualizada entre a dinâmica, a termodinâmica e a "teoria da probabilidade" para escapar ao determinismo científico e questionar as leis fundamentais e absolutas de cada sistema isolado.[72]

O direito não é algo a ser plenamente compreendido. Essa tarefa é simplesmente impossível. Resta, assim, aprender as maneiras pelas quais se pode raciocinar juridicamente.

3.3. A temporalidade como elemento constitutivo do direito.

Muitos enganos da denominada metódica jurídica advêm

---

[71] Vega, Alfredo Pena; Nascimento, Elimar Pinheiro. (Org.) *O Pensar Complexo - Edgar Morin e a crise da modernidade.* Rio de Janeiro: Garamond, 1999, p. 26.
[72] Prigogine, Ilya. *Is Future Given?* Cingapura: World Scientific Publishing Co., 2003, p. 8. Disponível em http://www.futuretg.com/FTHumanEvolutionCourse/FTFreeLearningKits/03-PH-Physics,%20Chemistry%20and%20Free%20Energy/044-PH08-The%20Unified%20Theory/Ilya%20Prigogine/Ilya%20Prigogine%20-%20Is%20Future%20Given.pdf (Acesso em 22.05.2013).

da tentativa de separar o **ser** do direito do seu **sendo**. Isso é inconcebível! O direito "embute o tempo e o modula como se ele fosse também criação sua, mas se deixa instituir por ele numa tendência à mobilidade".[73] Ou, "em termos mais precisos: o direito afeta diretamente a temporização do tempo, ao passo que, em compensação, o tempo determina a força instituinte do direito. Em termos ainda mais precisos: o direito temporaliza ao passo que o tempo institui. Trata-se pois de uma dialética profunda e não de relações que se entretecem entre o direito e o tempo. O tempo não permanece exterior à matéria jurídica, como um simples quadro cronológico no seio do qual a sua ação desenrolaria; da mesma forma o direito não se limita a impor ao calendário alguns atrasos normativos, deixando o tempo desenrolar-se normalmente para todo o resto. Pelo contrário, é do interior que direito e tempo se trabalham mutuamente".

O direito se manifesta, portanto, em alteração permanente, e, portanto, não é possível conhecê-lo. Como conhecer algo em constante mutação? Não há como recortá-lo do tempo[74], pois ele não só **tem** uma história como também **é**

---

[73] Ost, Fraçois. *Le temps du droit.* Paris: Odile Jacob, 1999. Citado da tradução portuguesa de Maria Fernanda Oliveira. *O tempo do direito.* Lisboa: Instituto Piaget, 2001, p. 14.
[74] Bobbio, Norberto. *Della struttura alla funzione*; nuovi studi di teoria del diritto. Milano: Edizioni di Comunità, 1977, p. 44.

história[75], isto é, "a temporalidade é um elemento constitutivo seu, pois ele tem uma vida, que se faz e se desfaz, devine".[76] Normas vêm e vão, nascendo, morrendo e renascendo de forças atuantes em um cambiar frenético (não raro, paradoxal e incompreensível).[77]

Exemplos desse constante cambiar legislativo encontramos tanto no direito ao voto quanto no direito sucessório. A Lei Saraiva instituiu o voto direto censitário no Brasil. O eleitor devia ser previamente alistado e tinha que comprovar renda líquida não inferior a duzentos mil réis. O voto feminino e dos analfabetos era vedado.[78]

---

75 Husserl, Gerhart. *Recht und Zeit*. Frankfurt am Main: Vittorio Klostermann, 1955, p. 10. O direito deve passar "a ser assumido como um fenômeno histórico, não no sentido de que estava **na** história, isto é, de que era recolhido da temporalidade efêmera do acontecer das ações humanas, mas no sentido de que **é** história na sua essencialidade". Ferraz Junior, Tercio Sampaio. "O Legado da Revolução". *Síntese*. Nova Fase, n. 47, Volume XVI (setembro-dezembro), pp. 5-11. São Paulo: Loyola, 1989. p. 10.
76 Llambias de Azevedo, Juan. *Eidética y aporética del derecho*; prolegómenos a la filosofía del derecho. Buenos Aires: Espasa-Calpe Argentina, 1940. p. 103.
77 Bobbio, N. *Della struttura alla funzione*. p. 48.
78 "As reformas introduzidas por esta lei foram profundas, podendo ser verificada tal mudança através da análise de seu artigo primeiro o qual dizia que as nomeações dos senadores e deputados seriam feitas por meio de eleições diretas, onde tomariam parte da mesma todos os cidadãos alistados, ficando assim abolido o sistema de eleições indiretas que vinham sendo adotado no Brasil desde 1821, instituindo, pela primeira vez no Brasil, o sistema de eleições diretas, através do voto secreto": http://www.planalto.gov.br/ccivil_03/revista/rev_74/MemoriaJuridica/SobreLeiSaraiva.htm: Acesso em 23/04/2013.

O voto feminino foi finalmente instituído na era Vargas (1932), mas era vedado aos analfabetos. O sufrágio universal só foi consignado constitucionalmente com a Emenda Constitucional número 25, de 15 de maio de 1985, quando, finalmente, se incluiu o direito ao voto dos analfabetos.

O direito à herança era vedado à concubina e filhos então denominados ilegítimos até o surgimento da Lei nº 883 de 21 de Outubro de 1949, que permitia ao filho fora do casamento e reconhecido pudesse ter direito à metade da herança (art. 2º). Este dispositivo foi revogado pela Lei nº 6.515 de 29/07/1977 (Lei do Divórcio), que passou a dispor sobre filhos chamados de ilegítimos e alterou a redação deste artigo, passando a reconhecer o direito à herança em igualdade de condições.[79] Finalmente, com o advento da Lei nº 7.250 de 1984, permitiu-se o reconhecimento da paternidade pelo genitor, ainda que casado e mantendo união conjugal.[80]

Além disso, cumpre lembrar que as penas cruéis já foram admitidas no Brasil. Até 1886, era aplicável no Brasil a pena de açoites (Lei nº 4 de 10 de junho de 1835, bem como no artigo 60 do Código Criminal do Império)[81]. Esse tipo de pena foi

---

79 "Art. 2º - Qualquer que seja a natureza da filiação, o direito à herança será reconhecido em igualdade de condições." (Redação da Lei nº 6.515 de 26.12.1977).
80 *"§ 2º - Mediante sentença transitada em julgado, o filho havido fora do matrimônio poderá ser reconhecido pelo cônjuge separado de fato há mais de 5 (cinco) anos contínuos"* - Lei 7.250/14/11/1984.

revogado pela Lei nº 3.310, de 15 de outubro de 1886.[82] A legislação constitucional de 1988, por seu turno, aboliu a aplicação de penas cruéis no Brasil.

O que há de **constante** no direito, embora possa parecer paradoxal, é a **mudança**. Não só ela, entretanto, pois, por mais variáveis temporais e espaciais que ele possua, permanece, nas mais diversas notícias acerca da experiência jurídica, a exigência de apresentar uma solução para as controvérsias sob julgamento.

No dia 17 de outubro de 2012, uma quarta-feira, a 37ª sessão de julgamento da AP 470, conhecida como processo do Mensalão, atrasou mais de uma hora para começar. Eram mais de 15 horas quando os ministros do Supremo Tribunal Federal adentraram o plenário para continuar a análise da ação, que caminhava para um desfecho. A sessão antecedente fora encerrada sem que os ministros Gilmar Mendes, Celso de Mello

---

81 "Se o réu for escravo, e incorrer em pena que não seja capital ou de galé, será condenado na de açoites e depois de a sofrer será entregue a seu senhor, que se obrigará a trazê-lo com um ferro, pelo tempo e maneira que o juiz designar." Moura, Clóvis Steiger de Assis. *Dicionário da Escravidão Negra no Brasil*. São Paulo, Editora da Universidade de São Paulo, 2004, p. 17.

82 "Carta de lei pela qual Vossa Majestade Imperial Manda executar o Decreto da Assembleia Geral Legislativa, que Houve por bem Sanccionar, revogando o art. 60 do Código Criminal e a Lei n. 4 de 10 de Junho de 1835, na parte em que impoem a pena de açoutes", Lei nº 3.310, de 15 de outubro de 1886. Disponível em: http://www2.camara.leg.br/legin/fed/lei/1824-1899/lei-3310-15-outubro-1886-543161-publicacaooriginal-53172-pl.html. Acesso em 30.05.2013.

e Ayres Britto tivessem votado.

O então presidente da Corte, ministro Ayres Britto, passou a palavra ao ministro Gilmar Mendes para dar seguimento ao julgamento – que envolvia parlamentares do PT, seus assessores e um ex-ministro do governo Lula, acusados de lavagem de dinheiro.

Antes de retomar o processo em curso, Gilmar Mendes manifestou o intento de revisar seu voto predecessor, voltando atrás em uma de suas decisões. Ele entendeu que o marqueteiro de Lula, Duda Mendonça, e sua sócia, Zilmar Fernandes eram culpados pelos crimes de evasão de divisas por manterem dinheiro ilegal em contas no exterior. Na sessão anterior, ele absolvera os dois. Na sessão seguinte, contudo, se mostrou convencido da configuração do crime: "Por fim, presidente, **quero reajustar meu voto** para, acompanhando o Ministro Marco Aurélio, condenar os acusados Duda Mendonça e Zilmar Fernandes pelo crime de evasão de divisa, ressalvando, porém, o fundamento utilizado por Sua Exa. É que duas são as modalidades do delito previsto no parágrafo 22 da lei 7492/86"[83]. Para Gilmar Mendes, pareceu claro que conta no exterior foi aberta. Remessas de dinheiro para ela foram realizadas e não restava dúvida de que o dinheiro foi mantido no exterior. Esses

---

[83] Voto para condenar os acusados Duda Mendonça e Zilmar Fernandes pela prática do crime de evasão de divisas. Mendes, Gilmar. Ação Penal 470 – fl. 57.258.

relatos foram trazidos pelas investigações internacionais.[84]

Na prática, as condutas caracterizam a evasão de divisas. Depois dessa manifestação, o relator do processo, Joaquim Barbosa, também alterou seu voto pela condenação. Ele, que tinha votado pela inocência dos réus, ressalvando, entretanto, que seu voto permanecia em aberto, concordou com os argumentos expostos pelo colega e reajustou seu voto.

O direito é um fenômeno complexo e confuso. Jamais logicamente dedutível, tampouco se afigura como um **dado** natural ou racional.[85] É imprevisto e nem pretende ser

---

84 Laudo nº 2.165/05, apenso 51, fls. 10-12, contas 61122642 e 61026540, Mendes, Gilmar. Ação Penal 470. 2012.
85 Irti, N. *Nichilismo giuridico,* pp. 23 e 148. "Após confessar o papel limitado da razão na fundamentação do direito, é natural que suspeitas de "niilismo" possam aflorar". Solon, Ari Marcelo. *Dever jurídico e teoria realista do direito.* Porto Alegre: Fabris, 2000, p. 15. Na construção do direito, embora o papel da razão seja limitado, caso se queira desvendar o processo intelectivo e volitivo de conexões que culminam na decisão, alguns insistem no fato de que, talvez, seja prudente não deixar de considerar uma pretendida "racionalidade" (alcançável?). Merece menção, ainda, a advertência de que *"detrás de ese continuo interrogarse, crónico en los juristas, por el status teórico de su discurso y por el sentido objetivo de sus actividades... se oculta una veta de irracionalismo"*. Vernengo, Roberto José. "Ciencia jurídica o técnica política: ¿Es posible una ciencia del Derecho?". *Doxa*; Cuadernos de filosofía del derecho. N. 3, pp. 289-296. Alicante: Seminario de Filosofía del Derecho de la Universidad Alicante, 1986, p. 295. Entretanto, vale, sobretudo, a lúcida ressalva de que "a interpretação das regras jurídicas oferece pontos vitais de incerteza... as ideias do juiz acerca do que é direito vigente não constituem o único fator que o motivam... não é possível traçar uma nítida linha divisória entre os enunciados cognoscitivos concernentes ao direito vigente e a atividade político-jurídica... as forças políticas são dominadas, de fato, por ideias que **não podem ser expressas racionalmente, mas tão-só em termos mágicos**". Ross, Alf Niels Christian. *Om ret og retfærdighed.* København: Nyt Nordisk Forlag Arnold Busck, 1953. Citado da tradução

prenunciado. Inserindo-se na imprevisibilidade, apenas almeja minimizá-la, buscando, não raro com algum malogro, reduzir as desconexões e as complicações. Suas entranhas são obscuras e repletas de incertezas.[86] O direito é um fenômeno humano e, por conseguinte, suscetível ao imprevisível e ao imponderável; seus caminhos não são uma linha reta; sua lógica não é imediatamente dedutível de suas premissas. Estas podem surgir e desaparecer ao sabor do acaso. O livre convencimento do juiz não está sujeito a uma lógica cartesiana e nem é indissociável da experiência, da história, da personalidade, dos preconceitos, de sua moral e de sua cultura. Julgamentos podem ser decididos no detalhe. A decisão pode ser influenciada até mesmo pelo irrelevante. A afirmação do ministro Marco Aurélio Melo de que "o processo não pode ter sabor lotérico"[87], soa como a afirmação de Einstein, para quem "Deus não joga dados". Esta surgiu no contexto do desmoronamento da certeza e do determinismo na ciência. No Direito, simplesmente não há certeza. Nunca houve.

Aliás, pesquisas no campo da psicologia comportamental têm demonstrado que fatores irrelevantes ao

---

para o português de Edson Bini. *Direito e Justiça*. Bauru: Edipro, 2003, pp. 68, 73 e 110.
86 Irti, Natalino. Niilismo e método jurídico. *Revista Trimestral de Direito Civil*. Rio de Janeiro. Vol. 15, pp. 133-143. jul./set. 2003, p. 136.
87 Informações do Jornal Digital Brasil 247. Disponível em http://www.brasil247.com/+7xtxt Acesso em 30.05.2013.

mundo jurídico possuem influência nas decisões judiciais: o julgamento humano é constantemente moldado por fatores irrelevantes. A forma como julgamos outras pessoas pode depender, por exemplo, da categoria social a que elas pertencem, da sua aparência física, e se esbarramos com elas em uma ponte assustadora. Mas uma das instâncias mais intrigantes das influências irrelevantes no julgamento humano é aquela que condiciona um julgamento pré-existente. A pesquisa do "efeito âncora" (*anchoring effect*) demonstrou que um padrão escolhido a esmo no context de um julgamento comparativo pode influenciar drasticamente o julgamento que está por vir.[88]

Em outro exemplo, em ADI promovida pela Procuradoria Geral da República, adotou-se a estratégia de dividir uma ação em três, para que a análise individualizada de cada uma aumentasse as chances de vitória. Este é um exemplo de como o todo não se depreende das partes na experiência

---

88 "Indicating whether the percentage of African nations in the United Nations is higher or lower than an arbitrary number (the anchor) that has been determined by spinning a wheel of fortune (showing 65% or 10%), for example, influences subsequent estimates of this percentage. Specifically, absolute judgments are assimilated toward the randomly chosen "anchor values." Such anchoring effects pervade a plethora of judgments and are remarkably robust. Many findings indicate that clearly irrelevant numbers —even if they are blatantly determined at random — may guide numeric judgments that are generated underuncertainty". Englich, Birte; Mussweiler, Thomas; Strack, Fritz. "Playing Dice With Criminal Sentences: The Influence of Irrelevant Anchors on Expert's Judicial Decision Making". *Personality and Social Psychology Bulletin*, February 2006; vol. 32, 2, p. 188.

jurídica.[89] Uma condenação pode ser revertida por uma mera e imprevisível mudança de voto. O imponderável pode reverter completamente os rumos de um processo.[90] E o fortuito pode surgir de uma mudança inesperada de opinião. O livre convencimento do juiz não é imune à transitoriedade de sua natureza. Com efeito, no julgamento do Mensalão, quando o destino de quatro dos réus já pendia para a condenação, o Ministro Marco Aurélio Mello surpreendeu a todos ao mudar o seu voto prolatado dois meses antes. A mudança aconteceu após uma reanálise dos autos, que, segundo ele, não demonstrara a tipificação da conduta imputada na condenação. Segundo a denúncia, os acusados Pedro da Silva Corrêa de Oliveira Andrade Neto, José Mohamed Janene, Pedro Henry Neto, João Cláudio de Carvalho Genu, Enivaldo Quadrado, Breno Fischberg e Carlos Alberto Quaglia teriam se associado para a prática dos crimes de corrupção passiva e lavagem de dinheiro. Em seu voto original, afirma o ministro: "Acompanho, Presidente, quanto ao acusado Pedro Corrêa, o relator e o revisor, considerados os crimes de corrupção e de quadrilha. Não vou tecer considerações sobre a prova porque já

---

89 Ver: "Procuradoria Geral da República propõe três ADIs distintas para aumentar chances". Disponível em: http://www.conjur.com.br/2013-jan-31/aumentar-chances-pgr-propoe-tres-acoes-stf-codigo-florestal Acesso em: 30.05.2013.
90 Mello, Marco Aurélio. *Ação Penal 470* - fls 59.828-59.829.

foi esmiuçada no Plenário (...). O acusado seguinte, ainda no capítulo alusivo a esse Partido, João Cláudio Genú: acompanho o relator e o revisor pelas razões lançadas por Suas Excelências quanto à corrupção passiva. Quanto à quadrilha, também acompanho o relator e o revisor, impondo a condenação".[91] Posteriormente, em sessão plenária de 10/12/2012 o ministro faz o reajuste do seu voto: "Presidente, antes de adentrar a matéria, peço a Vossa Excelência que **retifique meu voto** nos pontos que vou veicular agora. Todos estão lembrados de que, quando analisamos a problemática da quadrilha a envolver Valdemar Costa Neto e- se não me falha a memória – Jacinto Lamas, assentei que não poderia vislumbrar, considerado o artigo 288 do Código Penal, quadrilha de dois, já que o preceito exige, no tocante à associação criminosa, mais de três pessoas, até mesmo havendo um descompasso, presente o delito de tráfico de entorpecentes, em que a Lei nº 11.343 contenta-se com duas ou mais pessoas. (...) O mesmo raciocínio que me fez não reconhecer a quadrilha no que houve o desmembramento do processo, permanecendo apenas dois acusados, Valdemar e Jacinto, leva-me a ter como descaracterizada a quadrilha, ante o fato de não podermos julgar, ante a extinção da punibilidade. (...) leva-me a considerar o fato de que ficou manca a quadrilha, no que teria falecido José Janene. Não posso concluir que José

---

91 Mello, Marco Aurélio. *Ação Penal 470* - fl. 56.807.

Janene – já que não está em julgamento – seria integrante de uma quadrilha; se não posso assentar essa premissa, o grupo fica reduzido, presente o pronunciamento do Tribunal, a apenas três integrantes. Por isso, **evoluo** para acompanhar a divergência, no tocante ao crime de formação de quadrilha, de integração à quadrilha, quanto a Pedro Corrêa Andrade Neto, João Cláudio Genu e Enivaldo Quadrado".

A pretensa ciência do direito, entretanto, insiste em permanecer "abstrata e dedutiva, como se o espírito humano não fosse capaz de criar algo mais elevado que entidades errantes que, quanto mais abstratas são, tanto mais se distanciam da realidade".[92] Decisões, ao contrário das deduções, pressupõem a eventualidade de se dar diversas maneiras, isto é, são ocasionais; só tendo lugar ante múltiplas "possibilidades entre as quais cabe escolher".[93] O direito não se resume à decisão, no entanto a engloba. E, por envolver decisão, **ele não é um fenômeno lógico.**[94]

Os esforços teóricos acerca do direito devem enfrentar,

---

92 Ehrlich, Eugen. *Grundlegung der Soziologie des Rechts*. Unveränderter Neudruck (Manuldruck) der ersten Auflage 1913. München und Leipzig: Duncker & Humblot, 1929, p. 6.
93 Schreier, Fritz. *Grundbegriffe und Grundformen des Rechts*; Entwurf einer phänomenologisch begründeten formalen Rechts und Staatslehre. Leipzig und Wien: Franz Deuticke, 1924, p. 17.
94 Nesse sentido, conferir Sander, Fritz. Zur Methodik der Rechtswissenschaft. In: *Kant-Studien*; Philosophische Zeitschrift der Kant-Gesellschaft. Band 28, pp. 283–310. Hrsg. von Hans Vaihinger [*et al.*]. Berlin: Von Reuther & Reichhard. 1923, pp. 283 ss.

sem restrições e fugas sorrateiras, o permanente dilema da decidibilidade dos conflitos, pois "nem mesmo os conhecimentos científicos absolutamente corretos são suficientes para guiar o espírito humano, quando este é obrigado a responder desafios práticos".[95]

O direito não é somente um emaranhado de proposições jurídicas, tampouco é "o conjunto de normas de um poder supremo e permanente, que são seguidas de uma maneira regular e pretendem abarcar o maior número possível de relações".[96] Concebê-lo assim configura equívoco lamentável. Reduzi-lo a um agregado de regras positivas (efetivamente vigentes e dotadas de coerção) relacionando-se reciprocamente sob a forma de uma estrutura escalonada (sistema hierarquizado)[97], em que as superiores conferem validade às inferiores, é uma atitude teórica, no mínimo, simplificadora. O qualificador do direito como direito não é tal atribuição de validade. Ele não se restringe a uma ordem coativa válida reguladora do exercício da força estatal e sancionadora de

---

95 Ehrlich, E. *Grundlegung der Soziologie des Rechts*, p. 8.
96 Somló, Bódog (Felix). *Juristische Grundlehre*. Leipzig: Felix Meiner, 1917, p. 109.
97 A doutrina da estrutura escalonada da ordem jurídica (*die Lehre vom Stufenbau der Rechtsordnung*) é talvez "a primeira aplicação consciente do modo de pensar sistemático ao mundo dos fenômenos jurídicos"; é devida, em grande parte, ao gênio criativo de Adolf Julius Merkl. Conferir, entre outras, a sua obra *Die Lehre von der Rechtskraft*; entwickelt aus dem Rechtsbegriff. Leipzig und Wien: Franz Deuticke, 1923, p. 223.

ilícitos. O direito lida com as misérias do homem, com suas vontades, seus anseios, seus desejos, suas alegrias e frustrações.[98] Logo, as ideias forjadas, os planos teóricos "puros", geométricos e exatos são insuficientes para abrangê-lo em suas reais peculiaridades.

3.4. Teoria e Prática do Direito.

A distinção entre direito como ciência (campo do saber) e direito como experiência (campo da prática) deve ser veementemente rechaçada. As dissociações empreendidas são ficcionais. Não passam de artifícios questionáveis, vestidos de disfarces epistemológicos. É bobagem tentar estabelecer algo que não seja o direito praticado e que se queira conhecer sob a alcunha de direito. A ciência jurídica deve ser uma **doutrina prática**[99], pois a apreciação meramente científica cedeu seu

---

98 É como na sábia lição do jagunço Riobaldo: *"Ah, eu sei que não é possível. Não me assente o senhor por beócio. Uma coisa é por idéias arranjadas, outra é lidar com um país de pessoas, de carne e de sangue, de mil-e-tantas misérias... Tanta gente dá susto de saber e nenhum se sossega: todos nascendo, crescendo, se casando, querendo colocação de emprego, comida, saúde, riqueza, ser importante, querendo chuva e negócios bons... De sorte que carece de se escolher: ou a gente se tece de viver no safado comum, ou cuida só de religião só"*. Rosa, João Guimarães. *Grande sertão: veredas*. 30ª edição. Rio de Janeiro: Nova Fronteira, 1986, p. 8.
99 Não é suficiente apenas vislumbrar uma relação entre prática jurídica e ciência do direito, como faz Karl Larenz em sua obra *Über die Unentbehrlichkeit der Jurisprudenz als Wissenschaft*. Berlin: Walter de Gruyter, 1966, pp. 5 e 12.

lugar à "apreciação prática adaptada aos que exercem a judicatura, que, em seu ofício, querem conhecer, antes de tudo, as regras de acordo com as quais devem proceder".[100] O que realmente deve se tentar identificar como direito (embora nada haja que se possa apontar e dizer: "eis o direito"[101]) não pode ser algo diferente do direito efetivamente vivenciado, isto é, o empreendido na prática forense cotidiana.[102] Sempre com a consciência de que, apesar disso, "a atividade dos juristas dificilmente pode ser considerada ciência".[103]

As investigações no âmbito do direito não devem ter como missão a delimitação de um objeto[104] e a busca de um método que lhe corresponda, embora não falte quem acredite que "a atribuição primordial de qualquer pesquisa é encontrar um método adequado ao seu objeto".[105] Não existe uma única ciência do direito.[106] Isso não significa, contudo, que a almejada "ciência do direito" ou "jurisprudência" (*Jurisprudenz*) seja

---

100 Ehrlich, E. *Grundlegung der Soziologie des Rechts*, p. 7.
101 Angel Russo, Eduardo. *Teoría General del Derecho; en la modernidad y en la posmodernidad*. 3ª edición. Buenos Aires: Abeledo Perrot, 2004, p. 17.
102 Em sentido diverso, Bulín, Hynek. *Právní teorie a praxe*. Praha a Brno: Orbis, 1932.
103 Correas, Óscar. *Crítica de la ideología jurídica; ensayo sociosemiológico*. México: Instituto de Investigaciones Jurídicas de la UNAM, 1993. Citado da tradução para o português de Roberto Bueno. *Crítica da ideologia jurídica; ensaio sócio-semiológico*. Porto Alegre: Fabris, 1995, p. 89.
104 Russo, E. A. *Teoría General del Derecho*, p. 7.
105 Ehrlich, E. *Grundlegung der Soziologie des Rechts*, p. 5.
106 Bobbio, N. *Della struttura alla funzione*, p. 47.

"destituída de influência na realidade e na vida[107] dos povos e careça de valor teórico como ciência".[108] A ciência do direito pode se revelar "imprescindível"[109], todavia a postulação de um autêntico conceito de ciência não é plausível, pois, "caso existisse a verdadeira ciência, geralmente entendida como aquela cujo método principal é o indutivo e cuja finalidade é aprofundar a compreensão das coisas mediante a observação dos fatos e da recolha de experiências, a ciência do direito contrapô-la-ia abruptamente".[110]

3.5. Direito e autonomia científica.

A Ciência do Direito não pode ser reduzida a uma sistematização de determinada ordem jurídica positiva (totalidade de normas), como se a mera conexão estrutural representasse uma real cientificidade, nem se restringir ao conhecimento de conceitos.[111] Tampouco pode ser concebida

---

107 "mesmo que o jurista não esteja interessado no nexo que liga a doutrina à vida real, esse nexo existe. (...) tem se exigido da ciência do direito, em especial modernamente, que dirija sua atenção para as realidades da vida". Ross, A. N. C. *Direito e Justiça*, p. 43.
108 Kirchmann, Julius Hermann von. *Die Wertlosigkeit der Jurisprudenz als Wissenschaft*; Vortrag gehalten bei der juristischen Gesellschaft. Heidelberg: Manutius, 1988, p. 7. (Berlin, 1847).
109 Larenz, K. *Über die Unentbehrlichkeit der Jurisprudenz als Wissenschaft*, pp. 12 ss.
110 Ehrlich, E. *Grundlegung der Soziologie des Rechts*, p. 6.
111 "Não importam as definições conceituais que se podem encontrar nos

como relação encadeada de signos estáticos ou dinamicamente escalonada de formas.

É preciso demolir as distorções "ideologizantes" e os reducionismos "sociologizantes" da noção científica de direito. Mas edificar o que em seu lugar? Estruturas teórico-dogmáticas especificamente constituídas de normas positivas válidas? Construções analíticas e formulações conceituais? Essas alternativas já demonstraram suas escancaradas fragilidades. Qual seria a razão para soerguê-las novamente, se não passam de monumentais castelos de areia? Os primeiros ventos da lucidez teórica devem levar consigo essas alegorias ainda presentes no imaginário científico do direito para que se possa atentar ao fato de que "a ciência do direito não conhece precisamente um conceito científico de direito".[112] A ciência jurídica insistiu, ao longo de séculos, em permanecer na infância científica. A nítida constatação de inferioridade, isto é, de maturidade científica suficiente, impediram-na de atingir o desenvolvimento adquirido pelas demais ciências.

A autonomia da ciência do direito não deve ser alicerçada na escusa de se servir às finalidades práticas e na

---

parágrafos introdutórios dos manuais ou em qualquer monografia, mas sim o conceito de direito com o qual os operadores do direito efetivamente trabalham. Os conceitos, de fato, não devem se constituir em um ornamento exterior, mas fornecer o instrumental para a construção do pensamento científico". Ehrlich, E. *Grundlegung der Soziologie des Rechts*, p. 6.
112 Ehrlich, E. *Grundlegung der Soziologie des Rechts*, p. 6.

crença de que se deve buscar "um conhecimento puro", obtido por meio "da separação entre ciência (teórica) do direito (*Rechtswissenschaft*) e doutrina prática do direito (*praktische Rechtslehre*) ou prática jurisprudencial (*praktische Jurisprudenz*)".[113] Aliás[114], sob o pretexto de "libertar" a ciência do direito de um denominado "sincretismo metodológico", isto é, tratando-a de um modo diverso das demais ciências sociais[115] ou causais-explicativas, intentou-se, partindo de uma noção dualizada de mundo – em que se distinguia o ser de um idealizado "dever ser" (*dualismu přírody a mravnosti, bytí a mětí*) – conceber o direito como um complexo de normas específicas pertencentes "ao mundo do dever ser", enquanto a história, a sociologia, a política e as demais ciências naturais pertenceriam ao "mundo do ser". Esse empreendimento teórico logrou enorme sucesso, porém continha, já em sua origem[116], as raízes de sua futura

---

113 Ehrlich, E. *Grundlegung der Soziologie des Rechts*, p. 1.
114 Nesse sentido, conferir, entre outras, as obras *Základy filosofie právní*. V Brně: A. Píša, 1920 e *Soustava československého práva státního*. V Brně: Barvič & Novotný, 1921. Ambas de František Weyr. Nelas são lançadas as bases dessa elaboração metodológica (*o vypracování metodologie*), depois mais bem desenvolvida em sua *Teorie práva*. V Brně: Orbis, 1936 em sua *Úvod do studia právnického* (normativní theorie). V Brně: Nákladem Čs. Akademického spolku Právník, 1946. É preciso frisar, entretanto, que o próprio František Weyr considerava Hans Kelsen o "criador da teoria normativa do direito".
115 Weyr, František. *O metodě sociologické*. V Brně: Barvič & Novotný, 1927. Ver, ainda, Kelsen, Hans. *Ryzí nauka právní*; metoda a základní pojmy. Praha: Orbis, 1933.
116 Kelsen, Hans. *Hauptprobleme der Staatsrechtslehre*; entwickelt aus der Lehre vom Rechtssatze. Tübingen: J.C.B. Mohr (Paul Siebeck). 1911. Ver, ainda, Kelsen. Hans. *Über Grenzen zwischen juristischer und soziologischer*

ruína, visto que tal concepção emerge, substancialmente, da crença dualística de mundo jamais demonstrada. Isto é, ela se fundamenta sobre uma dicotomia entre ser e dever-ser (*dichotomii bytí a měti*) não existente na realidade. Essa projeção, inegavelmente fabulosa e merecedora dos mais entusiasmados louvores, precisa ser refutada sem maiores temores, já que reconhecidamente fracassou no seu intento. Ela não deu conta da inimaginável complexidade e variabilidade do direito e da ausência incontornável de uma maneira única e universal de analisá-lo e conhecê-lo.

Alguns, cientes das dificuldades expostas no parágrafo antecedente, buscaram alicerçar a autonomia do método científico do direito nas ideologias performativas (jogos de argumentos, jogos de forças) dos discursos jurídicos, por sua vez, escondidos sob o manto da pretensa cientificidade. O designado método jurídico de identificação do direito, no entanto, é apenas um método específico de fundamentação jurídica.[117] Os direitos e deveres podem ser investigados e expressões como "deveres"[118], "direitos subjetivos",

---

Methode; Vortrag gehalten in der Soziologischen Gesellschaft zu Wien. Tübingen: J.C.B. Mohr (Paul Siebeck), 1911.
117 Nesse sentido, conferir Haverkate, Görg. *Gewißheitsverluste im juristischen Denken*; zur politischen Funktion der juristischen Methode. Berlin: Duncker & Humblot. 1977, p. 5.
118 Noções como as de direito e dever remetem a percepções mágicas de mundo e são usados como ferramentas na realidade fática quando se executa atos nelas baseados. Há misteriosa conexão "entre os fenômenos

"obrigações", "pretensões", podem fazer parte do denominado discurso jurídico[119], considerando-o, em seus notórios limites,

---

pertencentes ao mundo sensorial e ao mundo mental carente de qualquer evidência. Tal relação é de natureza mágica, tal como percebem popularmente o direito de propriedade, e, desse modo, controla-nos, e sobre sua magia não se pode duvidar se, por exemplo, compramos peixes no mercado. Hägerström, Axel Anders Theodor. Vergleich zwischen den Kraftvorstellungen der primitiven und der modernen Kulturvölker. Zugleich ein Beitrag zur Psychologie der Magie. *Festskrift tillägnad professor emeritus Arvi Grotenfelt på hans 70-årsdag.* pp. 63-84. Helsinki: Porvoo, 1933, p. 84. Conferir, ainda, Hägerström, Axel Anders Theodor. *Das Prinzip der Wissenschaft.* Eine logisch-erkenntnistheoretische Untersuchung. Band I; Die Realität. Uppsala: Almqvist & Wiksell, 1908.
119 Em perspectiva diversa, Lundstedt pondera que os conceitos de "direito" e de "dever", incluindo também o de "norma jurídica", não passam de meras ficções e, portanto, não deveriam ser considerados em uma linguagem jurídica cientificamente constituída. Lundstedt, Anders Vilhelm. *Die Unwissenschaftlichkeit der Rechtswissenschaft.* Die falschen Vorstellungen von objektivem Recht und subjektiven Rechten. Berlin und Leipzig: W. Rothschild, 1932. A este respeito, Karl Olivecrona faz uma mordaz observação: "Lundstedt sustentou, com grande ênfase, que não há norma de direito. As pretensas normas jurídicas, ele dizia, não existem, tampouco os direitos e os deveres. Não me resulta totalmente claro o que ele quis dizer com isto. Ele mesmo falava constantemente de normas jurídicas. Este ponto poderia, entretanto, ser ignorado em nossa reflexão. Às vezes, suas expressões eram estranhas. O que quis dizer, de uma maneira geral, era que o juiz não deve pensar em termos de direitos e dos deveres, mas em termos de fins sociais. Olivecrona, Karl. "The Legal Theories of Axel Hägerström and Vilhelm Lundstedt". *Scandinavian Studies in Law.* Volume 3, pp. 125-150. Edited by Folke Schmidt. Published under the auspices of The Stockholm University Law Faculty. Stockholm: Stockholm Institute for Scandinavian Law/Almqvist & Wiksell, 1959, p. 138. Lundstedt parte da concepção de que a teoria jurídica se estrutura por meio de juízos referentes às ações humanas, propensas a estabelecer o que deve se fazer e que não deve se fazer, bem como suas consequências. Estes juízos seriam de três espécies: juízos de dever ser, juízos de culpabilidade e juízos de justiça. A verificação deles resultaria impossível, uma vez que eles são juízos de valor e, desse modo, não podem constituir em uma ciência. Ele se coloca ante o desafio de desmascarar as produções teóricas que apresentam como logicamente necessário o que realmente não é mais que

como argumentos compostos das mensagens que se constroem a partir dos dispositivos jurídicos. Não abrangem o direito (em plena extensão), no entanto, e não o relegam completamente à linguagem[120], sob o perigo de cair em um subjetivismo[121] supostamente científico amparado em argumentações vazias[122] e carentes de seu pedestal de estruturações "lógicas" e problemáticas "metodológicas".[123]

Aqueles que reivindicam a alcunha de cientista do direito geralmente se recusam a enxergar sua atividade como a dos que lidam com o direito na prática. Porém, se o direito não é esse da vida diária do jurista, o que ele é então, caso os postulantes de uma cientificidade estrita do direito não consigam elaborar um discurso "no qual usará o signo "direito" para atribuir seu

---

uma escolha ideológica. Após, propõe uma **"ciência jurídica construtiva"**, segundo ele, livre de ideologias. Esse método é científico porquanto se apoia na **constatação de que a atividade judiciária é necessária para a sociedade e tende a facilitar seu funcionamento com as menores fricções e perturbações**, e é também científico, porque só aceita como argumentos as realidades sociais.
120 Fikentscher, Wolfgang. *Methoden des Rechts*. Dogmatischer Teil (Band IV). Tübingen: Verlag J. C. B. Mohr (Paul Siebeck), 1977, p. 291.
121 "É falso supor que fora do conhecimento dedutivo e do procedimento experimental não é possível qualquer conhecimento e que, para além de suas fronteiras começaria, o âmbito das opiniões subjetivas arbitrárias". Coing, Helmut. *Grundzüge der Rechtsphilosophie*. 3. Auflage. Berlin und New York: Walter de Gruyter & Co., 1976, p. 96.
122 Vernengo, Roberto José. *Curso de Teoría General del Derecho*. 4ª reimpresión de la 2ª edición. Buenos Aires: Desalma, 1995. p, 161.
123 "Falam de uma metodologia problemática, sabem que não há lógica construtiva conhecida, no pensamento da matéria sabida". Engliš, Karel. *Malá logika*. Věda o myšlenkovém řádu. Praha: Melantrich, 1947, p. 339.

significado a um referente que será uma parte do discurso total"?[124]

Na realidade, porém, a autonomia da ciência do direito se relaciona com o fato de que ela lida com um modo de raciocinar possuidor de algumas especificidades acentuadas – por ter de considerar em sua dinâmica a exigência de uma tomada de decisão. Não é um pensar aberto (destituído de finalidades funcionais).[125] Não é um pensar que possa permanecer em indefinida especulação, tampouco pode se resumir a uma mera convicção. É um pensar que, embora não saiba de antemão **o que** será decidido, sabe, previamente, que **algo** terá de ser decidido.

---

124 "Estamos, portanto, frente a uma prática consistente no **uso** do conceito ou da teoria do direito. Estas são as ciências jurídicas. Contudo o **resultado** do uso dependerá das características do que seja utilizado". Correas, Ó. *Crítica da ideologia jurídica*, pp. 89 e 90.
125 Anos mais tarde, ao desenvolver o raciocínio de Ilya Prigogine, Isabelle Stengers afirmaria que *"Toda historia, toda narración supone sucesos, supone que se ha producido lo que hubiera podido no producirse, pero ella sólo tiene interés si estos sucesos son portadores de sentido. No se narra una serie de tiradas de dados, salvo si algunas de estas tiradas tienen consecuencias significativas: el dado sólo es instrumento de un juego de azar si realmente hay algo en juego". Entre el Tiempo y la Eternidad.* Argentina: Alianza Estudio, 1992, p. 53. Não se deve – e isso realmente não é possível – querer sistematizar o conhecimento jurídico. É, no entanto, possível compreender que o direito não é um sistema isolado. Ele é constantemente afetado pela personalidade de cada indivíduo, e cada indivíduo não deixa de ser um sistema em si mesmo. Mesmo assim, podemos pressupor que o direito nos interessa na medida em que ele possui um **sentido**. Há uma razão inerente à utilização do direito, e essa razão pressupõe que há "algo em jogo". Interesses, conflitos, dinheiro, honra, vida. Questões que demandam. Demandas que questionam. A necessidade de solução que emerge disso.

3.6. A necessidade da (re)invenção da cientificidade jurídica.

Não é preciso renunciar à utopia de uma futura "ciência do direito". No entanto, ela deve buscar contornos adequados e condizentes com a realidade jurídica.[126] Não pode prescindir de redefinição mediante a obtenção de postulados aptos a determinar melhor seu âmbito de abrangência, pois "não há princípios definidos que determinem o domínio da ciência do direito"[127], e, além de delimitar o espaço que ela abarca, é indispensável dimensionar adequadamente o seu aspecto prático advindo de sua funcionalidade.

Não há uma doutrina do direito, isto é, não existe uma maneira de conhecê-lo, já que ele se configura em eterna construção, ou seja, o resultado do direito não é encontrado mediante o emprego de uma técnica[128], mas é produto que não

---

126 Mister, como salienta Eduardo Angel Russo, "*Mostrar la ilusión de las distintas teorías que pretendieron abarcar la* **esencia** *del Derecho desde una perspectiva unilateral y reduccionista, al mismo tiempo que se exponen de las diferentes teorías con una pretensión polémica, sin renunciar a la utopia de una futura 'Ciencia del Derecho'*". Angel Russo, E. *Teoría General del Derecho*, p. 12. Quanto à realidade jurídica, *La théorie générale du droit, telle que nous la concevons, n'est ni une science nomographique, qui décrit les normes positives, ni une science nomothétique, qui les établit. Elle est la science d'une réalité particulière: la réalité juridique.* Haesaert, Jean Polydore. *Théorie Générale du Droit*. Bruxelles: Émile Bruylant, 1948, p. 29.
127 Ross, A. N. C. *Direito e Justiça*, p. 20 (prefácio à edição inglesa contido na tradução para o português).

se sabe como produziu (é mítico, é mágico) é, enfim, um resultado obtido por meio de uma decisão não sabida *a priori*. Caso contrário, seria dedução e não decisão.

A denominada ciência do direito deve ser (re)inventada na medida em que o direito não é meramente prudência, tampouco tecnologia social previamente manipulável. O direito não pode ser certeiramente conduzido pelo fato do incerto[129] lhe ser intrínseco (o direito é um fenômeno que tem a contingência em si). Logo o emprego de uma técnica não garante o resultado. A utilização de determinada técnica não determina qual será a decisão. O coração bate mais forte antes do julgador emitir sua resposta jurisdicional.

O dever de julgar torna o direito possível e, consequentemente, realizável. Na medida em que ele pode se realizar, passa a ser pensável e operável. Logo, surge a possibilidade de formular postulados[130], capazes de serem

---

128 A relação meio fim (*Mittel-Zweck-Beziehung*) não é uma relação fundada sobre o dever-ser, uma realização normativa, não se trata de um dever-ser, mas sim de um ter de, isto é, de um dever necessariamente. Kelsen, Hans. *Allgemeine Theorie der Normen*. Wien: Manzsche Verlags- und Universitätsbuchhandlung, 1979, p. 289 (nota 114).
129 "é característico para o processo jurídico, que a incerteza do resultado e suas consequências e a sinceridade das alternativas de comportamento no contexto da atuação e da sua estrutura de motivações, entrem em consideração e sejam aí elaboradas". Luhmann, Niklas. *Legitimação pelo Procedimento*. Tradução de Maria da Conceição Côrte-Real. Brasília; UnB, 1980, p. 38.
130 O postulado central (o axioma principal) do direito é o dever de prestação de tutela jurisdicional, pois "*el Juez **siempre debe juzgar** porque la*

operacionalizados na experiência jurídica. O designado conhecimento científico do direito relaciona-se com esta axiomatização.

Não se deve pretender definir o objeto da ciência do direito, pois tal postulação resvalaria para algo destituído de conteúdo – além de ser irrealizável, na medida em que não se concebe e, portanto, não se determina o que permanece em mutação. Nos manuais de aritmética jamais são localizadas definições do número, não obstante seja ela a ciência dos números.[131] Algo semelhante ocorre na geometria, em que tampouco há conceituações de espaço, muito embora ela seja a ciência do espaço. "Assim como a geometria não pode definir o espaço, a ciência jurídica não pode definir o direito".

O raciocínio jurisdicional é uma espécie de capacidade instrumental, isto é, saber é saber agir, ser dotado da habilidade de operacionalizar juridicamente, porque "o pensamento dos juristas" é condicionado por "quais fins práticos a ciência jurídica persegue".[132]

O direito não pode ser mentalizado, isto é, apreendido em sua inimaginável integralidade estática pelo cérebro humano

---

*norma que lo determina a juzgar es un **supuesto gnoseológico del Derecho**".* Cossio, Carlos. *La plenitud del ordenamiento jurídico.* 2ª edición. Buenos Aires: Losada, 1947, p. 160.
131 Schreier, F. *Grundbegriffe und Grundformen des Rechts*, p. 3.
132 Ehrlich, E. *Grundlegung der Soziologie des Rechts*, p. 2.

Raciocinar juridicamente, no entanto, é possível. Pensá-lo não deve ser confundido com capacidade de empreender um raciocínio judicante. Ele não pode ser pensado, senão apenas vivenciado. A vivência jurídica permite a operacionalização do direito, isto é, a judicatura; que não é mais que o exercício do raciocinar juridicamente constituindo atividade mental voltada para a tomada de decisão, ou seja, para o exercício da função de julgar, em que se deixa afetar profundamente pelo direito.

O direito consiste, inevitavelmente, em apreciações e em decisões voluntárias e não pode, como a matemática e as ciências naturais, alcançar certo grau de objetividade.[133] O jurista, ao tentar objetivá-lo com suas frias construções[134], perde a vitalidade do direito.[135] A jurisprudência, ao reivindicar

---

133 As investigações científicas costumam ser problemáticas. As repostas almejáveis nem sempre são obtidas ou óbvias (podem ser questionáveis). Analisando as ideias sobre eletrodinâmica de Maxwell e Weber, o matemático Adonai Sant'Anna observa que até as teorias científicas mais consagradas não são imunes à reformulação, chegando à inusitada conclusão de que; *"Ciência é isto: discussão"*. Sant'Anna, Adonai S. E se um aluno perguntar: Maxwell ou Weber?. *Scientific American Brasil*. São Paulo, ano 3, n° 26, julho de 2004, p. 20. As ciências naturais não são tão absolutas como, desde o advento das concepções positivistas do século XIX, se habituou encará-las.
134 "De nada valeria, em verdade, uma Jurisprudência esplendente na harmonia de seus institutos e figuras, de seus esquemas e modelos, se em conflito com ela fluísse a vida cotidiana, e a máquina da Justiça resolvesse, impassível e friamente, os seus problemas do procedimento, por motivos de pura economia operacional, deixando sem resposta as perguntas do homem comum, quanto ao conteúdo e à substância de seus interesses vitais". Reale, Miguel. *O direito como experiência*. São Paulo: Saraiva, 1968, p. 47.
135 Rumpf, Max. *Volk und Recht*. Oldenburg: Stalling, 1910, p. 113.

cegamente uma só cientificidade, pode resvalar para algo risível e com forte conotação pejorativa, não passando de mera rabulice (*Juristerei*). Ela deveria desejar ser edificada sobre os alicerces da vida e se destinar a ela, sem descambar para um cientificismo estreito, ou para pura técnica, mas se configurando como raciocinar funcionalista; apto a agir em um processo de contínua estruturação, desestruturação e reestruturação. Isto é, deve se relacionar mais intimamente com os instrumentos procedimentais voltados para a obtenção da decisão.

Já passou da hora de desmistificar o pretexto analítico[136] que propugna uma separação, isto é, um recorte metodológico com o intuito de analisar o direito melhor, apartando-o da interpretação e da decisão. Isso não pode continuar sendo aceito. O direito deve ser compreendido de maneira ampla, levando-se em considerações suas interpolações mais diversas.

A secção teórica acaba afastando a luz de uma dimensão

---

[136] O estudo do direito não se assemelha ao estudo da "ciência dos corpos materiais". O direito não é química e dificilmente seria analisável, ao contrário do sustentado por Ernest Roguin, do "ponto de vista analítico e sintético" por classificação e decomposição. Este precursor da "*science juridique pure*" se enganou em suas rigorosas conclusões, possibilidade, aliás, cogitada por ele mesmo, pois, ao mencioná-las no prefácio de sua obra (a seguir referida), não se esqueceu de ressalvá-las com um oportuno "*sauf erreur*". Roguin, Ernest. *La règle de droit*; étude de science juridique pure. Lausanne: F. Rouge, 1889. p. VI. Ernest Roguin assevera, ainda, no prefácio de seu segundo livro, que a verdade demonstrada em seu sistema não implica em si mesma algum juízo de valor em relação ao mérito ou ao demérito das soluções e das instituições jurídicas. Roguin, Ernest. *La science juridique pure*. Paris: L.G.D.J., 1923, p. XX.

frequentemente mantida na penumbra: a decisão jurídica.

3.7. A relevância do ensino jurídico. Onde estamos errando?

O primeiro exercício daqueles que se propõem a discutir "direito" deveria ser o de não confundir direito (realizado e executado como tal sem rebeliões dos jurisdicionados a desconfirmá-lo) com o que eles gostariam que o direito fosse.

Dito isso, cabe fazer aqui uma breve introdução lógica acerca da evolução do aprendizado jurídico, cuja origem remonta a tempos imemoriais.

Assim como, certa vez, alguém adoeceu e alguém resolveu, para tentar amenizar a enfermidade e eventualmente curá-la, fazer algo além de rogações às divindades e, desse modo, adveio o denominado curandeirismo – existiram conflitos em que as resoluções se deram por meio de interposição de terceiros.

O início do direito parece estar relacionado à renúncia da autotutela e à adoção da prática pré-histórica de resolver disputas entre indivíduos recorrendo ao arbítrio de alguém sem envolvimento direto com a contenda.[137]

---

137 Artur Steinwenter. Die Streitbeendigung durch Urteil, Schiedsspruch und Vergleich nach griechischem Rechte. *Münchener Beiträge zur Papyrusforschung und antiken Rechtsgeschichte*. Heft 8, München, 1925, pp. 3 e ss.

Não é possível saber se as primeiras investidas foram bem sucedidas e se, ao se tornarem, foram, desde logo, assim percebidas pelos envolvidos e pelos demais. Não deixa de ser provável que tais investidas de início tenham sido ainda atribuídas a divindades. Porém, em algum momento, elas se revelaram exitosas e percebidas de maneira dessacralizada.

O êxito dos primeiros curandeiros e dos primeiros terceiros resolutores de conflitos ("julgadores", "intermediários", "intermediadores", "interpostos", "árbitros") deve ter sido iconoclástico. De alguma maneira, abalou as crenças até então estabelecidas e veneradas, revelando a necessidade de alterações e, desse modo, desvendando-se novos modos de percepção.

Isso fez com que os homens deixassem de lado os costumes de lidar individualmente com conflitos (buscando resolvê-los com as próprias mãos) ou de creditar eventuais soluções a divindades e passassem a substituí-los pela intervenção de terceiros interpostos. Saem de cena os justiceiros e surgem os julgadores.

O aprendizado do direito dava-se, nesse momento da história, no exercício das funções ligadas à sua realização. Antes

---

Hans Julius Wolff, The Origin of Judicial Litigation among the Greeks, *Traditio*: Studies in Ancient and Medieval History, Thought, and Religion, vol. 4, pp. 31-87, New York: Cosmopolitan Science & Art Service Co., Inc, 1946, pp. 31 e ss.

do ensino jurídico, conforme concebido atualmente, indivíduos aprendiam direito atuando em demandas levadas ao judiciário. Foi apenas séculos mais tarde que surgiram as faculdades de direito.

Já naquele momento tinha-se consciência de que o aprendizado efetivo resulta da convivência com grandes mestres, de modo que a aprendizagem jurídica constituía-se por meio de instruções dadas pelos mestres aos seus discípulos. Não era um conjunto de matérias fragmentadas, sistematizadas, classificadas, conceituadas, doutrinadas, delimitadas.[138]

Aprender a exercer a atividade jurídica, saber adquirido a partir da vivência de situações envolvendo questões de direito, difere substancialmente de apropriar-se de um conjunto de concepções retidas por alguns indivíduos sobre dada matéria por meio da absorção de aulas expositivas ou de conteúdos escritos contendo definições. "O direito, algo vivo e diferente dos mandatos da autoridade e das doutrinas das escolas, formou-se e se forma incessantemente graças à atividade criadora dos práticos, em íntimo contato com a realidade social. Os que têm por ocupação profissional prevenir ou resolver

---

138 O direito não era cursado de maneira curricular, mas vivenciado, assimilado pelo proceder jurídico. Não era ensinado mediante emprego de abstrações desconectadas de sua realização prática. Sua consideração não se mostrava evasiva. Pelo contrário, apresentava-se fortemente ligada à atuação jurídica e aos mecanismos de expressão do direito.

conflitos de interesses são os que promovem de maneira decisiva a evolução do direito."[139] No entanto, o que se assistiu foi um crescente distanciamento do antigo modo de aprendizagem jurídica e o surgimento de nova forma de ensino, marcadamente academicista e abstrata. Até então, aprendia-se direito praticando, tomando contato com diligências jurídicas, providenciando substratos fomentadores da ação, conduzindo-se diante de demandas em trâmite, comportando-se conforme os rituais exigidos, lidando com a condução dos procedimentos desencadeadores de circunstanciais soluções jurisdicionais.

Durante quase toda história da humanidade, a transmissão do conhecimento se deu de mestres para aprendizes. A perspectiva analítica, elucubração acadêmica livresca e alicerçada fortemente em conceituações, contribuiu e contribui para a precarização do aprendizado jurídico. Em alguma medida, o advento das universidades o desvirtuou, delimitou e contingenciou.

A crença de que o aprendizado jurídico pode se dar afastado da experiência jurídica, viabilizando-se por meio da memorização de conceitos de institutos jurídicos, de classificações doutrinárias e da legislação vigente não merece prosperar, pois se alicerça na falsa imaginação de que o aprender

---

[139] Brutau, José Puig, *La jurisprudencia como fuente del derecho: interpretación creadora y arbitrio judicial.* Imprenta: Barcelona, Bosch, 1951.

do direito pode ter lugar sem o exercer, sem tomar parte em uma situação jurídica, como se fosse possível a transmutação automática das categorizações memorizadas em atuações conformes (ações de acordo com o esperado).

A experiência jurídica é anterior à delimitação teórica da noção de direito. Doutrinas, conceituações, sistematizações e classificações, sobretudo as de caráter abstrato, surgem após a origem do direito e não guardam necessária relação com ele. São noções acadêmicas e não propriamente do fenômeno jurídico.

Como proceder, portanto, ao ensino do direito? Se o direito é realização em constante movimento e dinamicidade, como apreender o que lhe é imanente, compreender a sua dinâmica, entender seu fazimento e desfazimento?

Proceder-se-á, aqui, a uma proposta de curso de direito. Como esta vivência jurídica deveria ser repassada dos mestres para os estudantes. Como, em absolutamente todos os aspectos, os cursos jurídicos modernos estão desviando-se, cada vez mais, do verdadeiro aprendizado do seu objeto.

Um curso de direito não deveria ser alicerçado numa estrutura curricular. Aliás, como indica o próprio vocábulo, currículo, do latim *curriculum*, significa "desvio de um caminho", "correr por um pequeno atalho". E de qual caminho se desvia ao se propor um currículo? Desvia-se da vivência. O estudante de direito não pode basear seu aprendizado num currículo, mas na vivência cotidiana a engendrar o direito em realização. Aliás, a vivência jurídica nem deveria ser considerada um caminho, mas a possibilidade de múltiplos caminhos, uma vez que as faculdades de direito devem apontar caminhos ainda não percorridos.[140]

Um curso de direito não deve possuir objetivos previamente esboçados, deve estar consciente de que o direito se afigura em contínua transformação e suas metas vão sendo reconstruídas, em conformidade com desafios que não poderiam ser pensados *a priori*. O profissional encarregado de fomentar o raciocínio jurídico com seus colegas que acabaram de entrar na faculdade de direito deve ser capaz de atualizar os debates que se realizarão em sala de aula em conformidade com os desafios que surgem a todo o momento. Não bastasse, falar em "métodos" em um curso de direito chega a soar engraçado. O direito não se submete a um método.[141]

---

140 "O seu verdadeiro papel seria o de preceder, pela pesquisa e pela reflexão criadora, a intervenção do juiz e do legislador, pois, pela ordem natural das coisas, compete sobretudo a elas a vanguarda da elaboração jurídica". (João Baptista Villela, "Os cursos pós-graduados em Direito e a superação da idade exegética. In: encontros UnB. *Ensino Jurídico,* Brasília, UnB, 1979, p. 40).
141 "La concepción misionera de la metodología (como también se le puede llamar) es, en realidad, un enfoque escapista, pues al apartar la vista de las contradicciones inherentes a todo sistema jurídico, oculta también la necesidad de elección y con ello la responsabilidad inevitable del operador jurídico. Uno puede hablar aquí, mediante una figura metafórica, de la función dogmático-curativa de la metodología, en el sentido de que lo que allí se ofrecen son remedios legales para, supuestamente, subsanar las

A ausência de um traçado a ser necessariamente percorrido pelo direito origina enormes inconstâncias e instabilidades, impossibilitando uma sistematização efetiva. O direito não é, portanto, algo a ser plenamente compreendido. Resta aprender as maneiras por intermédio das quais o modo de raciocinar juridicamente pode se mostrar mais eficaz.

Partindo para uma análise mais concreta, é no ciclo de formação básica que parece se situar grande parte dos problemas dos cursos de direito. Nele começa a velha e lamuriosa introdução conceitual e terminológica, concretizando-se em uma "autopropagação, as pessoas passam nas provas e ensinam os outros a passar nelas, mas ninguém sabe nada".[142]

Não só não se sabe, como se ensina os outros a não

---

patologías (arbitrariedades) de un ordenamiento jurídico potencialmente pervertido. Se trata, ésta, de una metodología de leyes y no de hombres (personas). Es decir, se superpone la literalidad de la norma a la voluntad del operador, la sintaxis de la ley al arbitrio del juez, la gramática a la historia singular del caso bajo examen." (Salas, Minor. Debate sobre la Utilidad de la Metodología Jurídica: Una Reconstrucción Crítica de las Actuales Corrientes Metodológicas en la Teoría del Derecho. Isonomía, n° 27, Octubre 2007, p. 126)

142 Extraído do livro "Deve ser brincadeira, Sr. Feynman!" (título original: "Surely You're Joking, Mr. Feynman!"), publicado originalmente em 1985, nos Estados Unidos. O autor, Richard P. Feynman, nasceu no ano de 1918 no estado de Nova Iorque, nos EUA. Estudou física no M.I.T. e em Princeton, e lecionou em Cornell e no Instituto de Tecnologia da Califórnia. Deu importantes contribuições à Física e foi considerado uma das mentes mais criativas de seu tempo. Ganhou o prêmio Nobel em 1965 e faleceu em 1988. Na década de 50 ele viveu e lecionou por quase um ano na cidade do Rio de Janeiro. Íntegra do artigo disponível em: http://www.uel.br/cce/fisica/pet/EnsinoRichardFeynman.pdf.

saber: o taxismo jurídico consiste num embuste corriqueiro nas academias brasileiras. Para falar de qualquer tema, torna-se necessário fazer um percurso (abordagem do tema) e chegar a um destino (posição sobre o tema).

Os encarregados de ensinar direito passam a se comportar então como passageiros de corridas de táxi. Independente do destino para onde rumam (do tema a ser analisado), valem-se de taxistas. Geralmente, não sabem guiar, tampouco conhecem as dificuldades do trânsito, possuem pouca familiaridade com localizações... Alguns, embora habilitados, preferem a comodidade do chofer.

O passageiro do táxi, geralmente alguém descompromissado com aquele momento (uma vez que delega a responsabilidade da condução: preocupar com o caminho a ser trilhado, dirigir, atentar-se para os desafios do trânsito, driblar eventuais engarrafamentos e similares), ao sentar-se na poltrona, relaxado e seguro, sente-se descontraído e sem preocupações, para falar de qualquer assunto. Uma vez no táxi, chega-se onde quer...

Os professores de direito costumam ministrar aulas, escrever artigos e livros, participar de bancas, fazer conferências, entre outras atividades. Nelas, há temas a serem abordados (percursos a serem feitos) e, não raro, conclusões a que se pretende alcançar (destino).

Os pretensos professores de direito, adeptos do taxismo, não se fazem de rogados. Falam de cidadania, democracia, constitucionalismo, violência, cosmologia, energia nuclear e legística com a mesma desenvoltura. Tudo bem que eles jamais tenham feito qualquer reflexão mais audaz sobre o tema. Pouco importa se são incapazes de pensar sobre tais questões de modo digno e amadurecido. O taxista está lá para levá-los.[143]

O passageiro do táxi (por vezes denominado professor de direito) não sabe, por exemplo, o que é democracia. Tampouco refletiu detidamente sobre tal questão. Nunca se preocupou em investigar mais a fundo o assunto. Não possui opinião pessoal a respeito. Mas ele sabe, ainda que superficialmente, o que Dworkin e Habermas (os taxistas) pensam sobre democracia.[144]

---

[143] "É frequente, entre os brasileiros que se presumem intelectuais, a facilidade com que se alimentam, ao mesmo tempo, de doutrinas dos mais variados matizes e com que sustentam, simultaneamente, as convicções mais díspares. **Basta que tais doutrinas e convicções se possam impor à imaginação por uma roupagem vistosa: palavras bonitas ou argumentos sedutores.**" Holanda, Sérgio Buarque de. *Raízes do Brasil*. Companhia das Letras, São Paulo, 2010, p. 155. Grifou-se.

[144] "Ainda aqui cumpre considerar também a tendência frequente, posto que nem sempre manifesta, para se distinguir no saber principalmente um instrumento capaz de elevar seu portador acima do comum dos mortais. O móvel dos conhecimentos não é, no caso, tanto intelectual quanto social, e visa primeiramente ao enaltecimento e à dignificação daqueles que os cultivam. De onde, por vezes, certo tipo de erudição sobretudo formal e exterior, onde os apelidos raros, os epítetos supostamente científicos, as citações em língua estranha se destinam a **deslumbrar o leitor** como se fossem uma coleção de pedras brilhantes e preciosas. **O prestígio de determinadas teorias que trazem o endosso de nomes estrangeiros e**

O passageiro do táxi se recusa a agir como Dworkin ou Habermas. Para que ter o trabalho de aprender dirigir? Para que se dar ao luxo de ficar olhando mapas, para saber encontrar o destino? O que levaria alguém a perder tempo com as complicações do trânsito? Definitivamente... Revela-se muito mais cômodo, para falar de qualquer coisa, valer-se de Dworkin ou Habermas. Ele não sabe falar sobre cidadania, mas sabe, ainda que com eventuais simplificações e deformações caricatas, o que Dworkin ou Habermas escreveram sobre cidadania.

Um exemplo bastante claro dessa "metodologia" encontro na maioria de meus alunos de pós-graduação em direito, que não sabe diferenciar Recursos Extraordinários de Agravos de Instrumento, mas consegue distinguir algumas noções conceituais de Dworkin das de Alexy.

Até quando as academias brasileiras continuarão enganando os estudantes e os ensinando que o aprendizado do direito se efetiva a partir da leitura de capítulos de livros disponibilizados em fotocopiadoras nos arredores das faculdades e que a pesquisa em direito se faz por meio de

---

difíceis, e pelo simples fato de o trazerem, parece enlaçar-se estreitamente a semelhante atitude. E também a uma concepção de mundo que **procura simplificar todas as coisas para colocá-las mais facilmente ao alcance de raciocínios preguiçosos**. Um mundo complicado requereria processos mentais laboriosos e minudentes, **excluindo por conseguinte a sedução das palavras ou fórmulas de virtude quase sobrenatural e que tudo resolvem de um gesto**, como as varas mágicas." (Idem, p. 165. Grifou-se).

bricolagens de citações livrescas?[145]

É importante ter em mente que a formação jurídica não se resume à assimilação da técnica processual. Trata-se apenas de um dos requisitos da formação jurídica, embora, sem ela, não haja formação jurídica. Ninguém pode dizer exatamente que sabe direito, caso não domine os meandros processuais. Processo e direito não se confundem, mas é por meio do processo que, na maioria das vezes, o direito se realiza. Saber direito não se confunde, assim, com decorar a legislação processual, mas não pode ser reduzido à diferenciação de alguns conceitos de Habermas e Luhmann.[146]

---

145 As bricolagens também são encontradas, infelizmente, no âmbito da pesquisa em direito. Faculdades de Direito brasileiras raramente produzem pesquisas sérias. Estão infestadas de trabalhos acadêmicos que não passam de paráfrases autorais e bricolagens de citações livrescas. Dissertações e teses sobre "a ideia de imputação objetiva em Roxin", "o direito penal do inimigo em Jakobs", "a ideia de pena em Zaffaroni", "apontamentos sobre a teoria finalista da ação em Welzel" inundam os cursos brasileiros de pós-graduação em Direito. Dificilmente, encontram-se trabalhos acadêmicos nacionais que realmente investiguem os problemas que afligem os jurisdicionados e menos ainda aqueles que propõem soluções viáveis para as suas necessidades jurídicas mais prementes.
Para se ter uma ideia, o estudo mais detalhado feito sobre as motivações de ataques da facção criminosa PCC (Primeiro Comando da Capital) - há cerca de cinco anos, em São Paulo - foi elaborado pela Clínica Internacional de Direitos Humanos da Faculdade de Direito de Harvard e pela organização de defesa de direitos humanos Justiça Global. Interessante que precisemos sair do Brasil para encontrar uma pesquisa sobre... o Brasil. (São Paulo sob achaque: Corrupção, Crime Organizado e Violência Institucional em Maio de 2006. Disponível em: http://global.org.br/wp-content/uploads/2011/05/SaoPaulosobAchaque_JusticaGlobal_2011.pdf [Relatório]).
146 "As nossas academias diplomam todos os anos centenas de novos

Profissionais do direito devem possuir a capacidade de viabilizar soluções, para as demandas que lhes são apresentadas. Quando alguém os procura, espera deles a capacidade de resolver problemas concretos e não se sabem distinguir a ideia de justiça em Hegel da ideia de justiça em Kant.

A formação do aluno de direito deve objetivar a profissionalização sustentável, aliando habilidades e capacidades de exercício prático (considerando situações de contingência, deviniência e imponderabilidade). A preparação do profissional do direito, portanto, não deve ser teórica, mas estratégica (ele vai trabalhar em situações de circunstanciais perdas-e-ganhos), estruturante e transdisciplinar, permitindo a ele encontrar soluções possivelmente exequíveis e, assim, viabilizar eventuais respostas que façam frentes aos desafios apresentados.

O aprendizado jurídico não se dá simplesmente pela leitura de escritos, uma vez que ele já existia mesmo antes da escrita. O aprendizado do direito se dá pela vivência jurídica efetiva, pelo lidar com o direito... é algo, em alguma medida, aludível ao nadar, isto é, tem de pular na água e fazer os movimentos esperados... Do contrário, afoga. Não há manual de natação germânico que salve do afogamento quem não sabe nadar.

---

bacharéis, que só excepcionalmente farão uso, na vida prática, dos ensinamentos recebidos durante o curso." Holanda, Sérgio Buarque de. *Raízes do Brasil*. Companhia das Letras, São Paulo, 2010, p. 156.

Pensar sobre o direito, no entanto, é diferente de racionar juridicamente. O primeiro deve ser tarefa dos filósofos e similares. O segundo é típico do profissional de direito. Faculdades de Direito não deveriam ser espaço para divagações, doutrinações e dogmatismos livrescos.

Para fugir do taxismo jurídico, da doutrinação e da divagação, a introdução geral ao direito não deve ser feita por meio de introdução aos conceitos do direito e à terminologia jurídica, mas mediante a promoção do modo de raciocinar juridicamente, como já foi dito anteriormente.

O ciclo básico deve então promover análises de situações jurídicas a ensejar reflexões criativas, capazes de apontar decisões viáveis para os problemas apresentados, considerando que se afigura inevitável decidi-los. Os casos devem ser estudados e discutidos tendo como cerne a tomada de decisão.

Ao contrário do que, ao longo dos últimos anos, vem sido difundido nos meios acadêmicos brasileiros, o método casuístico também não é adequado ao ensino da racionalidade jurídica. "as *Law Schools* americanas não têm nenhum interesse especial por uma teoria científica do direito. São training schools - escolas de profissionalização jurídica; sua função é a preparação para o ofício prático de um advogado. Ensina-se quase exclusivamente o direito americano, adotando-se o método de casos. Já que os tribunais americanos fundamentam suas decisões essencialmente em precedentes, é compreensível que as Law Schools tenham como meta de ensino deixar os estudantes familiarizados com o maior número de casos possível. Após a conclusão do curso, um estudante de direito americano está certamente mais bem preparado para a advocacia [para seu ofício como advogado] do que um estudante austríaco ou alemão. **Talvez o direito como objeto do conhecimento científico pertença, realmente, a uma faculdade de filosofia, história ou ciências sociais.**"[147]

Em seu texto "Uma nova faculdade de direito no Brasil"[148], Mangabeira Unger defende que "O método predominante que proponho é a combinação de introduções ou mapeamentos informativos e abrangentes, pelo método convencional de exposições, seguidas por discussões, com o método intensivo, de aprofundamento seletivo e analítico de temas exemplares dentro de cada matéria. A inovação, portanto, está neste elemento intensivo, que exige explicação mais pormenorizada" (p. 19). O autor, no entanto, peca pela superficialidade.

---

147 Kelsen, Hans.*Autobiographie*. In: Jestaedt, Matthias (hrsg.). Hans Kelsen im Selbtszeugnis. Mohr Siebeck, 2006, p. 93-94. (tradução livre de Thiago Tannous). A afirmação – bastante grave – de que para se ensinar o direito há que se sair do direito, denota o que se tem tentado mostrar aqui; que não é pela exposição, nem pela análise exaustiva de casos e mais casos que se construirá aprendizado suficiente à compreensão do fenômeno jurídico.
148 *Textos para Discussão, FGV Direito Rio*, disponível em: <http://bibliotecadigital.fgv.br/dspace/bitstream/handle/10438/10397/Cadernos%20FGV%20Direito%20Rio%20-%20Vol.%201.pdf?sequence=1>. Acesso em 23.05.2013.

"Mapeamentos informativos e abrangentes" costumam se afigurar como "coringa" do jornalismo jurídico. Eles adoram "mapeamentos informativos e abrangentes". Mapeamentos informativos e abrangentes não constituem "um mal em si", desde que devidamente fundamentados. Em relação à aplicação do "método convencional de exposições", seguido por discussões, questionamentos precisam ser feitos: a "inovação" apregoada por Unger se consubstanciaria no denominado "método intensivo" ("aprofundamento seletivo e analítico de temas exemplares dentro de cada matéria"), a exigir "explicação mais pormenorizada". Mais uma vez, o vetusto tom professoral, a figura do grande explicador (capaz de descer às profundezas e também de apresentar temas exemplares). Na verdade, as explicações pormenorizadas devem dar lugar às dúvidas suscitadas. Tais dúvidas devem consubstanciar no assunto a ser refletido e debatido por todos, não mediante explicação, mas por meio de interações (análises recíprocas, às quais se agreguem contribuições variadas do grupo e as perspectivas apresentadas agrupadas de modo a contemplar as diversas percepções do problema e suas possíveis soluções).

Uma faculdade de direito inteligente deve ter coragem de abandonar o "método convencional de exposições".[149] O

---

149 É preciso entender, de uma vez por todas, que Direito nada tem a ver com ciência ou epistemologia. Solicite a cem mil crianças para que desenhem um cientista. Não haverá desenho de jurista. Revire reportagens

obsoleto método expositivo não deve ser reaproveitado. Deve ceder lugar à instigação. O profissional encarregado de dar vazão ao raciocínio jurídico de seus colegas (em fase inicial de aprendizado) não deve se valer da "exposição convencional", mas deve instigar os iniciantes a modularem possíveis controvérsias relacionadas ao direito. Deve incentivá-los a suscitar problemas e provocar reações. Persuadi-los a apresentar possíveis soluções para as questões surgidas.

Afinal, a vida se afigura de maneira multifacetada. Há diversas formas de se perceber os problemas e elas devem ser igualmente consideradas em um debate sério e construtivo. A dúvida e não a explicação deve ser preferida na condução da análise do problema. Variações das questões suscitadas devem ser consideradas. A discussão deve conferir credibilidade aos diferentes argumentos colocados em pauta. Atualmente, chegar

---

publicadas na *Science*, na *Nature*, em outras revistas científicas, nos cadernos de ciência de jornais e nada encontrará sobre o direito.
A vã tentativa de associar direito à ciência é inócua.
O direito já existia muito antes de qualquer "reflexão teórica". Na história da humanidade, a ciência nem engatinhava e o direito já corria desenvolto. A ciência nem ensaiava seus primeiros passos e pessoas já eram julgadas. Não raro, condenadas. Condenações executadas.
Indivíduos versados na atividade jurídica ensinavam outros a lidarem com o direito, muito antes de qualquer teoria acadêmica. O direito já era expressão social antiquíssima, quando ninguém nem sonhava com epistemologia, conceituações doutrinárias e similares.
Falta, enfim, vivência jurídica. Juízes que nunca namoraram fazendo separações. Julgadores que jamais visitaram uma cadeia, condenando pessoas a anos de prisão.

a consensos parece impossível, mas há alternativas viáveis de se obter soluções moderadas e com grande adesão.

Para isso, o encarregado de provocar dúvidas e reflexões deve colaborar nas discussões, mas suas contribuições não devem ser consideradas explicações (esclarecimentos da questão). Elas não devem possuir aspecto de superioridade. Devem ser recebidas com a mesma credibilidade que as contribuições dos iniciantes. Não podem se apresentar como elucidação do problema, uma vez que não há caminho a ser seguido. Trilhas devem ser desbravadas. Estradas devem ser construídas em conjunto pelos encarregados de suscitar dúvidas e provocar soluções e os iniciantes no modo de raciocinar juridicamente.

A preocupação em entender o direito é vã. O direito se afigura como vivência. É para ser vivenciado e não compreendido. Renda-se, como se rendeu Clarice Lispector, mergulhe no desconhecido como ela mergulhou e deixe de lado a preocupação em entender, pois **viver ultrapassa qualquer entendimento.**"

4. O DESENVOLVIMENTO DO DIREITO COMO MECANISMO DECISÓRIO.

O surgimento do direito[150], tal qual o do homem, ainda não foi suficientemente esclarecido.[151] Algumas constatações, porém, parecem pouco controvertidas: atualmente, não se nota grandes discussões quanto ao fato de que o desenvolvimento da vida humana se deu em grupos.[152] Também parece claro o fato

---

150 Neste capítulo, não se seguirá uma ordem cronológica. Os exemplos reportados não ocorreram, necessariamente, em épocas sucessivas. Na medida do possível ela foi observada, mas sem o devido rigor. Importa notar as evidências, constatadas ao longo da história do direito, demonstrando, de maneira inequívoca, como a obrigação de julgar é constante.
151 "Nós estamos neste planeta há muito tempo, mas por milhares e milhares de anos vivemos nossas vidas sem deixar para trás registros escritos de como gastávamos as horas dos dias – e muito menos de como nos organizávamos. As primeiras transcrições de qualquer tipo – não necessariamente jurídicas – parecem ter sido obra dos sumérios, em algum momento em torno de 3200 a.C. Cinco mil e quinhentos anos atrás parece ser bastante tempo, mas a história registrada representa apenas uma fração ínfima do que vínhamos fazendo ao longo de milhares de anos antes disso". Rosenblatt, Albert. *The Benjamin N. Cardozo Lecture:* the Law's Evolution: long night's journey into day. 58 The Record 144 (Spring 2003), p. 2.
152 Para uma análise da evolução histórica dos primeiros agrupamentos humanos, ver Taylor, Hannis, "The Science of Jurisprudence" in *Harvard Law Review*, Vol. 22, No. 4 (Feb. 1909), p. 243. E ainda Maine, Sir Henry James. *Ancient Law.* Disponível no Projeto Gutemberg http://www.gutenberg.org/files/22910/22910-h/22910-h.htm, acessado em 30 de abril de 2013, 1936, pp. 111 e ss. No mesmo sentido, "em termos de organização interna da tribo ou clã, no entanto, temos de considerer que algum sistema de leis estava em funcionamento. Se não fosse assim, um pequeno grupo ou tribo não poderia funcionar. Foi necessário, supomos, que um programa fosse criado no qual direitos e deveres fossem compreendidos e direcionados. Não podemos dizer como exatamente isso

de não haver vida em grupo sem conflitos.

O homem não existiu em uma realidade pré-jurídica. A existência humana e seus inerentes conflitos sempre contaram com o direito para os dirimir. Cada grupo social se desenvolve de forma distinta e peculiar, e o mesmo se passa com cada estrutura de resolução de conflitos.[153]

A ocorrência de disputas sociais juridicamente relevantes e a necessidade de haver categorias judicantes capazes de solucioná-las figuram como justificadoras da existência do direito. A convivência coletiva serve de substrato para o surgimento de estruturações voltadas para a decisão de conflitos. Não se verifica, portanto, na história, a existência de sociedades em que não se perceba engrenagens visando à composição das demandas, pois "mesmo na ausência de instituições e de leis que tenham uma lógica abstrata, como era o caso do Oriente Antigo, havia institutos para a viabilização de decisões 'judiciais'".[154]

O direito é ínsito ao convívio em sociedade. Além disso, a característica essencial ao direito é a existência de um julgador

---

era feito, e sem dúvida havia mudanças de um lugar para o outro". Rosenblatt, Albert. *The Benjamin N. Cardozo Lecture:* the Law's Evolution: long night's journey into day. 58 The Record 144 (Spring 2003), p. 3.
153 "O direito é um organismo vivo e em constante desenvolvimento que muda conforme as relações da sociedade mudam." *Idem*, p. 246.
154 Imbert, Jean. *Le droit antique; et ses prolongements modernes.* 4ª édition corrigée. Paris: P.U.F., 1994, p. 9.

– cujo papel é decidir os conflitos advindos desse convívio social. No decorrer da história, a característica do direito que permaneceu inalterável é a inevitabilidade da decisão judicial. Isto significa que o direito só se expressa enquanto direito na medida em que fornece soluções aos jurisdicionados, soluções estas construídas por juízes e que resultam de procedimentos judiciais.

4.1. Reconstrução histórica.

Desde tempos imemoriais, a forma de composição de contendas entre as pessoas se dava por meio do processo jurídico, cuja finalidade era a prolação de sentenças pelos encarregados de decidir.

A história da humanidade apresenta-se repleta de exemplos de mecanismos empregados na obtenção de decisões para os litígios. Nas sociedades costumeiramente denominadas arcaicas, em virtude do domínio das provas de justiça, recorria-se, muitas vezes, ao *ordálio*, quer dizer, ao "julgamento divino", pela água a ferver, pelo fogo, pelo veneno ou pelo duelo. O objetivo era, por meio de poderes tidos como sobrenaturais, descobrir quem detinha a razão[155], ou melhor, extrair a razão à

---

155 Gilissen, John. *Introdução histórica ao direito*. Tradução de António Manuel Hespanha e Manuel Luís Macaísta Malheiros. 3ª edição. Lisboa: Fundação Calouste Gulbenkian, 2001, p. 36.

força.¹⁵⁶

---

156 Note-se o disposto na Coluna VI do Código de Ur-Nammu (cerca de 2040 antes de Cristo): (...) Se um cidadão acusa outro cidadão de feitiçaria e o leva perante o deus rio (e se) o deus do rio o declara puro, aquele que o levou... O rio "escolhia", assim, se o cidadão era puro ou não. Caso fosse, ele o "declarava" puro. Outro exemplo similar pode ser encontrado na Segunda disposição do Código de Hammurabi (cerca de 1694 antes de Cristo): 2. Se alguém imputou a um homem atos de feitiçaria, mas ele não pôde convencê-lo disso, aquele a quem foram imputadas as atividades de feitiçaria, irá ao Rio; mergulhará no Rio. Se o Rio dominar, o acusador ficará com sua casa. Se este homem for purificado pelo Rio, e se sair são e salvo, aquele que tinha imputado atos de feitiçaria será morto; aquele que mergulhou no Rio ficará com a casa de seu acusador. Gilissen, John. *Introdução histórica ao direito.* pp. 64 e 65. No excerto terceiro das Leis de Manu (Manu Smriti também chamado de Mānavá śāstra dharma e Manu Samhitā), que data em torno de 200 anos antes de Cristo, vislumbra-se, também, uma prescrição sobre a decisão jurídica: "Que cada dia ele (o julgador) decida, uma depois outra, pelas razões tiradas dos costumes particulares das classes, das famílias e dos códigos e leis...". Souza Lima, João Batista de. *As mais antigas normas de direito.* Rio de Janeiro: Forense, 1983. p. 37. Para exemplos e análises de ordálias, ver Gallanis, Thomas P. "Reasonable Doubt and the History of the Criminal Trial". *The University of Chicago Law Review*, vol. 76, nº 2 (2009), pp. 947 e ss., que traz os exemplos das ordálias pelo fogo e pela água; Leeson, Peter T. *Ordeals.* Disponível em: http://www.peterleeson.com/Ordeals.pdf, analisando minuciosamente os mais diversos tipos de ordálias utilizados na Idade Média; do mesmo autor, conferir também: http://www.boston.com/bostonglobe/ideas/articles/2010/01/31/justice_medieval_style/ (Acesso em 30.05.2013); Horovitz, Anat. *The emergence of sentencing hearings.* Los Angeles: SAGE Publications, 2007, p. 273, também com o exemplo da ordália da água e do fogo. Quanto aos exemplos das ordálias mais comuns, "por volta do século IX, o julgamento por meio de ordálias atingiu o seu auge e era comumente utilizado para decidir questões de heresia religiosa ou impureza sexual. No julgamento, o acusado era obrigado a segurar um objeto fumegante ou escaldante e o veredito dependeria do grau do ferimento – que refletia uma eventual intervenção divina. O juiz esperava três dias para constatar se a mão estava curada e, se tivesse, o acusado era inocentado. Nos casos em que o atraso de 72 horas parecia longo demais para que o povo esperasse, o julgador da causa podia empregar o julgamento por água. Os resultados eram imediatos. O acusado que flutuasse era culpado. Caso o acusado afundasse, isto era tido como um

Na Grécia Antiga, a noção mais primordial de direito esteve ligada à noção homérica de *Themis* ou *Themistas*. Atualmente, relaciona-se Temis à figura da Deusa da Justiça, mas esta é uma noção moderna, que ainda não havia sido inteiramente desenvolvida pelos gregos.[157]

Nas sociedades primitivas, era comum garantir o caráter de divindade às figuras que não se compreendia racionalmente. Divinizou-se o sol, o vento, a chuva e assim por diante.[158] Essa divinização não se limitou ao mundo físico, influenciando também o mundo moral. Com isso, ao deferir uma sentença, o líder, rei ou sacerdote estava acometido por um poder divino, recebendo inspiração direta, no caso da Grécia, de *Themis*. Os *Themistas*, portanto, eram os julgamentos inspirados pela Justiça personificada e divinizada.

Os *Themistas* relacionavam-se diretamente a conflitos fáticos, desprendendo-se de regras ou costumes. Devido a essa

---

sinal de inocência (muito embora pudesse haver outras consequências óbvias)." Rosenblatt, Albert. *The Benjamin N. Cardozo Lecture: the Law's Evolution: long night's journey into day*. 58 The Record 144 (Spring 2003), p. 13.

157 Ver também Solon, Ari Marcelo. *Direito e tradição*; o legado grego, romano e bíblico. Rio de Janeiro: Elsevier, 2009, pp. 75-81.

158 "Os antigos viam os elementos como detentores de personalidades. Assim, o vento que resfriava a casa – ou a destruía – era uma pessoa, e obviamente uma pessoa divina. O sol que esquentava – ou queimava – a terra também era uma pessoa divina, bem como a chuva que alimentava – ou inundava – os campos, e assim por diante." Rosenblatt, Albert. *The Benjamin N. Cardozo Lecture: the Law's Evolution: long night's journey into day*. 58 The Record 144 (Spring 2003), p. 5.

dinamicidade, eles não seguiam um desenvolvimento linear, concebendo a sociedade grega a possibilidade de contradições entre eles.[159] Em um estágio posterior, a expressão passou a ser a denominação dos juízes em si.[160]

Themis era uma figura concreta no imaginário grego, retratada como filha de Urano e Gaia, divindade da linhagem direta de titãs. Sua filha, no entanto – Dike – era uma noção abstrata. Dike é a Justiça. Simboliza a dinamicidade do tempo, dos homens, dos fatos.[161]

A origem da palavra "Dike" é, até hoje, motivo de controvérsias. Alguns dizem que deriva do grego *deiknumi*, diretiva a ser seguida pelo julgador. Outros atestam a sua relação com *dikein*, jogar, arremessar, lançar – sendo o papel do

---

159 "Um *comando* prescreve apenas um ato singular e é, portanto, com comandos, e não com leis, que os '*Themistas*' mais se parecem. Eles são simples adjudicações ou estados de um fato, e **não necessariamente seguem uns aos outros de forma organizada**". Maine, Sir Henry James. *Ancient Law*. Disponível no Projeto Gutemberg, 1936, p. 8. (destaques não originais).
160 *Idem*, p. 4.
161 "Dike é, então (...), a filha de Themis. Para nós ela parece uma forma levemente mais abstrata de Themis. Na sua outra forma, é Justiça, isto é, ela é Convenção, uso comum, consciência social, Themis vista enquanto abstração. (...) Dike, na sua origem, é muito como Themis, mas sempre um pouco mais viva, menos estática. Os gregos diriam que ela é (...) o 'modo de viver'". E ainda "(...) já que *Themis era a mãe de Dike*; a consciência social, a estrutura social, não deram origem à ordem da natureza. Mas, na concepção humana, a vida em sociedade leva à representação desta ordem." Harrison, Jane Ellen. *Themis: a Study of the Social Origins of Greek Religion*. Cambridge, 2010, pp. 516 e 522, respectivamente. No mesmo sentido, Roscher, W. H. *Ausführliches Lexikon der griechichen und römischen Mythologie*. Leipzig: B. G. Teubner, 1884, p. 659.

julgador, assim, realizar uma espécie de jogo de lançamento e, com base na sorte do resultado, proferir uma decisão "justa".[162]

A visão aparentemente mais acertada alega que a palavra *dike* teria derivado de *diakrinein*, ou seja, julgar/discernir por meio de.[163] Os gregos, talvez indiretamente, perceberam que a decisão caracteriza o direito. Não se pode pensar o direito sem a exigibilidade de que o julgador julgue, de que o mediador decida. A origem da concepção de direito ligava-se à concepção de decisão. O direito, portanto, deve ser pensado considerado a figura do julgador. Sem decisões, não existe direito. Isso não significa, no entanto, que direito possa ser reduzido à decisão.

O julgar era algo tão central nas acepções iniciais de direito que era concebido como algo divinal. O papel do juiz advinha de origem divina ou de inspiração diretamente superior. Essa é uma ideia recorrente em praticamente todas as sociedades antigas de que se tem notícias. Em um momento posterior, essa atribuição será concedida a grupos compostos por julgadores, tendo em mente a ideia de que a justiça era algo de excessiva importância para ser de responsabilidade de apenas um membro da sociedade.

Na sociedade egípcia, durante o Novo Império, essa evolução pode ser claramente percebida. Houve a convivência

---

162 Para uma análise aprofundada desta posição, conferir, entre outros, Solon, A. M. *Direito e tradição*, pp. 75-81.
163 No original, διακρίνει. διακρίνειν (*diakrinein*).

entre divindades representadas, em julgamento, por sacerdotes, e os *qenbet*, conselhos locais compostos por oito membros de alta reputação que apreciavam conflitos e decidiam as demandas. Os qenbets surgiram como uma forma de conselho municipal, podendo abarcar até catorze membros. Os juízes eram os homens mais importantes da comunidade de acordo com os seus títulos – por exemplo, chefe dos trabalhadores, escribas, deputados, guardiães, policiais e artesãos. Aqueles que não carregavam nenhum título específico mas tinham lugar no conselho deveriam ter boa reputação entre os outros cidadãos. Os membros do conselho eram normalmente isentos do pagamento de impostos a fim de que não passassem por dificuldades financeiras que poderiam, eventualmente, levar à má aplicação da justiça (dando margem a corrupção, por exemplo)[164]

Cabia a grupos de juízes a solução dos conflitos também na sociedade judaica antiga (antes da invasão babilônica) e mesmo no cativeiro esta estrutura se conservou. Os judeus atribuíam aos rabinos[165] tanto o reconhecimento de quais leis

---

[164] Allam, S. *Egyptian Law Courts in Pharaonic and Hellenistic Times*. The Journal of Egyptian Archaeology, Vol. 77 (1991), p. 110. Quanto aos sacerdotes, "The affairs of such a temple were virtually governed by its lord, the divinity in question, who was actually represented by the priests". p. 111. No mesmo sentido, Shupak, Nili. "A new source for the study of the Judiciary and Law of Ancient Egypt: 'The Tale of the Eloquent Peasant'". *Journal of Near Eastern Studies*, University of Chicago, 1992, p. 4.

[165] A figura dos rabinos pode ser comparada àquela dos sábios religiosos.

deveriam ser seguidas – leis de natureza divina – quanto a prolação de julgamentos.

Nas cortes judiciais rabínicas, as partes não eram acompanhadas por um defensor, um advogado. Bastava, para que o direito fosse realizado, que os julgadores deliberassem e, tomados por inspiração divina, prolatassem a sentença.

Havia dois tipos de leis que eram seguidas pelos rabinos quando de suas sentenças – ambas consideradas divinas. Por um lado, as leis que podiam ser depreendidas e interpretadas da Bíblia, inspiradas por D'us (de'oraita). Por outro, a coleção de "jurisprudência", assim chamada a lei rabínica que era desenvolvida nos diferentes casos julgados (derabbanan).[166]

Os rabinos eram estudiosos da lei, únicos membros da sociedade que eram permitidos no Templo sagrado. Estavam em permanente conexão com D'us, recebendo dele ordens e mensagens para o povo. "os rabinos – espécie de filósofos orientais, religiosos e helênicos – produziram um corpo considerável de literatura que tinha, como pano de fundo, uma enorme complexidade de leis e rituais. Sem dúvida, os rabinos daquela era consideravam que as leis por eles promulgadas e os comportamentos e rituais por eles regulados eram manifestações humanas das intenções divinas. Em outras palavras, o que os rabinos pregavam e praticavam era, para eles, lei divina." Visotzky, Burton. *The Myth of Divine Law in Secular Society*. 51 DePaul L. Rev. 1061 (Summer, 2002), p. 2. No mesmo sentido, Solon, Ari Marcelo. *Bernard Jackson's Philosophy of Jewish Law*. "Lei Judaica é a vontade de homens e não a vontade da lei. É o comando de homens que foram considerados, em sua origem, objeto de inspiração divina." p. 3. Cópia com o autor.

166 A coleção desta jurisprudência deu origem ao Talmud, livro que coleciona posicionamentos de milhares de rabinos respeitados acerca de casos controversos, difíceis e inéditos. O Talmud é composto por 63 tratados compilados em, aproximadamente, 6.200 páginas. Foi a forma encontrada pelos julgadores para manter a lei bíblica atualizada com os

Assim, esta sociedade conheceu, já naquele tempo, a importância das prolações judiciais e alçou essa categoria ao status de norma.¹⁶⁷

Os julgamentos rabínicos podiam se desdobrar em duas modalidades. Já naquele tempo, era possível a realização de uma forma de arbitragem, que culminava em um acordo entre as partes mediado pelo rabino. A alternativa ao acordo era a efetiva prolação de sentença por parte dos rabinos, aparentemente evitada pelos judeus.

A sentença deveria ser prolatada com base na lei judaica, alicerçada nos dez mandamentos e na Torá. A razão do afastamento da letra da lei por parte do corpo rabínico foi explicitada no século XIV por um dos mais conhecidos rabinos do judaísmo – os juízes deveriam, a todo custo, evitar ter de decidir nos termos da lei da Torá, uma vez que estariam, na qualidade de humanos, propensos a errar. Dessa forma, os julgadores deveriam preferir um compromisso em vez de uma sentença como solução¹⁶⁸, fugindo, assim, do "medo de

---

diferentes contextos históricos – o Talmud tece interpretações sobre as dúvidas que surgem com as inovações sociais, culturais, econômicas e tecnológicas. Kirschenbaum, Aaron. *Modern Times, Ancient Laws - can the Torah be amended? Equity as a source of Legal Development.* 39 St. Louis L.J. 1219 (Summer 1995), p. 2.
167 Idem, p. 13.
168 Shmeli, Benjamin e Sinai, Yuval. *Liability under uncertain causation?* Four Talmudic answers to a contemporary tort dilemma. 30 B.U. Int'l L.J. 449 (Summer 2012), p. 18.

decidir": o juiz não precisaria mais descobrir ou procurar a verdade "escondida" na letra da Torá.

O compromisso aparecia, assim, como a forma mais próxima para se alcançar a Justiça, significado que era naquele tempo bastante semelhante ao dos dias de hoje.[169] A justiça feita pelos rabinos era concretizada, portanto, por meio de um "compromisso" (p'shara) entre as partes, assumindo a palavra "p'shara" em hebraico duas possíveis interpretações: de um lado, a restauração da paz (shalom) e, de outro, a concretização da justiça (tzedaka).[170] Combinadas, elas compunham o objetivo a ser alcançado pelos julgadores.

O compromisso podia ainda ser utilizado quando não havia solução prevista pela lei. Em casos "novos" ou "difíceis", para os quais a aplicação de leis ou jurisprudência traria mais incerteza do que certeza, os rabinos podiam literalmente "forçar" as partes a celebrar um acordo – quando este assumiria,

---

[169] A busca pela Justiça como atividade jurisdicional pode ser evidenciada pelas leis rabínicas (takkanot) cujo objetivo era simplesmente atenuar os mandamentos o efeitos da Torá. Essa legislação "justa" – que pode, em última instância, ser considerada contra a vontade de D'us – nada mais era, assim como o Talmud o é, do que uma tentativa de adaptar os mandamentos normativos à realidade social, realidade esta que está, por definição, em constante dinâmica e transformação. Kirschenbaum, Aaron. *Modern Times, Ancient Laws - can the Torah be amended? Equity as a source of Legal Development*. 39 St. Louis L.J. 1219 (Summer 1995), p. 6.

[170] Ibidem. Ver, no mesmo sentido, Kirschenbaum, Aaron. *Modern Times, Ancient Laws - can the Torah be amended? Equity as a source of Legal Development*. 39 St. Louis L.J. 1219 (Summer 1995), p. 6.

então, uma categoria de adjudicação ao invés de simples resultado de uma mediação.[171]

Na Índia, existia uma divisão social por meio de um sistema de castas. A casta consistia em um grupo de pessoas passíveis de dividir a mesma mesa, bem como se casar entre si (endogamia), pelos laços adquiridos via nascimento. Em cada comunidade, determinada casta possuía os seus costumes específicos e o seu próprio tribunal, o *panchayat* ou assembleia local da casta.

O *panchayat* detinha jurisdição sobre quase todo tipo de disputa surgida na comunidade local. Eles decidiam tanto questões civis quanto criminais[172], resolviam disputas internas referentes à excomunhão, casamento, e outras questões pertinentes à comunidade.[173] [174]

Havia quatro tipos de tribunais de julgamento tradicionais na Índia: a família, os grupos profissionais, o clã e o rei. Assim, a *kula* era composta pela família e representava a corte mais baixa, incumbida de decidir sobre os *small matters* –

---

[171] Idem, p. 19.
[172] Mathur, S. N. *Nyaya Panchayats as Instruments of Justice*. New Delhi: Concept Pub. Co., 1997.
[173] Grinsell, Scott. "Caste and the Problem of Social Reform in Indian Equality Law". *The Yale Journal of International Law*. Vol. 35, 1999, pp. 199-236. Connecticut: Yale University Press, 2010, p. 204.
[174] Para maior detalhamento de como ocorria a excomunhão nas castas indianas, ver Hayden, Robert M. "Excommunication as Everyday Event and Ultimate Saction: The Nature os Suspension from an Indian Caste". *The Journal of Asian Studies*. Vol. 42, n° 2 (Feb), pp. 291-307, 1983.

pequenos litígios concernentes aos próprios membros da *kula*.

A *sreni*, que era a *panchayat* dos membros de uma mesma ocupação profissional, tinha jurisdição sobre os comerciantes, artesãos e afins. Não raro, a *sreni* possuía jurisdição sobre membros de outras castas também. A *puga* era a *panchayat* de castas diferentes, com um território próprio, a *village*, que se encarregava dos membros das demais castas e ocupações. Há indicações que esse *panchayats* eram autônomos, entretanto, ao organizá-los, o rei acabava por guiá-los, interferindo em seu trabalho.

Os membros desses *panchayats* deveriam ser versados no *Vedic dharma*, autocontrole, serem bem nascidos, nobres, altruístas, capazes e experientes. Desse modo, eles eram considerados os melhores juízes, visto que estavam inseridos no mesmo contexto do qual as disputas emergiam.

Esses tribunais possuíam competência para atuar tanto na seara civil quanto na criminal. Sendo assim, eles intervinham em disputas familiares, como o casamento, divórcio, guarda dos filhos, herança e sucessão na propriedade.[175]

Em se tratando da China antiga, é preciso levar em contra as dimensões continentais do país, o que impediu, por séculos, a unificação de uma legislação ou mesmo do controle

---

175 Mathur, S. N. *Nyaya Panchayats as Instruments of Justice*. New Delhi: Concept Pub. Co., 1997. pp. 25, 26 e 88.

por parte de um poder central. As primeiras leis escritas promulgadas pelo poder público então existente concentravam os seus esforços no desenvolvimento de um aparato jurisdicional voltado para a execução de medidas penais.[176] Ainda assim, existiu, mesmo nas menores províncias, a figura de um funcionário público responsável por atuar na resolução de conflitos.[177] Este funcionário não recebia treinamento ou instrução jurídica, devendo apenas solucionar os conflitos da maneira que lhe parecesse mais justa. O "juiz" era reconhecido, assim, como figura essencial à sociedade, devendo haver um solucionador de disputas independentemente do grau de sua qualificação técnica.[178]

Os primeiros juízes estavam associados à figura do patriarca, ao chefe da família. Aquele que detinha, na esfera de poder local, meios para assegurar e fazer valer suas decisões. Na China, além do patriarca, exerciam também papel mediador o responsável pela guilda local de trabalho e os anciãos da aldeia.[179]

---

[176] Wu, John. "Readings from Ancient Chinese Codes and Other Sources of Chinese Law and Legal Ideas" in: *Michigan Law Review*, Vol. 19, No. 5 (Mar., 1921), p. 504-510.
[177] Bodde, Derk. "Basic Concepts of Chinese Law: The Genesis and Evolution of Legal Thought in Traditional China" in *Proceedings of the American Philosophical Society*, Vol. 107, No. 5 (Oct. 15, 1963), p. 376.
[178] No sistema chinês havia ainda, a fim de impedir que a falta de qualificação dos funcionários levasse a decisões injustas, uma complexa e ampla estrutura recursal, que permitia a apreciação dos conflitos por juízes cada vez mais experientes. Ibidem.
[179] Ibidem.

Essa figura do chefe de família imbuída de poder jurisdicional foi retratada por Homero, na sua *Odisseia*. "Eles não possuem nem assembleias para consulta nem *themistes*, mas cada um exercita a jurisdição sobre as suas esposas e filhos, sem consideração um para com os outros".[180]

Na Europa Antiga, nomeadamente nos países nórdicos na Alta Idade Média, por exemplo, na Escandinávia e na Islândia, existia o *Thing ou Gulathing*, uma "assembleia do povo", reunião dos chefes de clã ou chefes de poderosas famílias. Cada um dos integrantes do *Thing* era denominado *lagman*, considerados os primeiros juízes nórdicos.

Os *lagman* desempenhavam papel relevante na fixação de regras consuetudinárias: ditavam o que pertencia ao direito e podiam ainda afastar-se das regras já estabelecidas.[181] Com isso, eles terminavam por produzir o direito.[182]

Nas monarquias germânicas, o sistema judicial teve por inspiração os tribunais ordinários na monarquia franca: em cada *pagus* (condado) havia um tribunal (pelo menos um, geralmente

---

180 Maine, Sir Henry James. *Ancient Law*. Disponível no Projeto Gutemberg, 1936, p. 110
181 "Um dos exemplos mais antigos da prática jurídica escandinava vem da Noruega em 1329, no qual um caso acerca da intenção por trás de uma morte foi trazido ao Gulathing. De acordo com a lei, o caso era de evidente resolução: quando uma morte não era intencional, o réu deveria pagar uma determinada quantia em dinheiro. Os lagman, no entanto, decidiram por absolvê-lo." Jorn Ø. Sunde, *Speculum legale – Rettspegelen. Ein introduksjon til den norske rettskulturen si historie i eit europeisk perspektiv*. Bergen, 2005, p. 106.
182 Gilissen, John. *Introdução histórica ao direito*, p. 43.

havia vários) chamado *mallum*, composto por homens livres e presidido pelo *comes* ou *grafio* (conde) ou pelo seu substituto (*thunginus, centenarius*); este era assistido por assessores que eram chamados a "ditar o direito" (*legem dicere*), isto é, encontrar a solução do litígio consuetudinariamente. Em seguida, a solução proposta era submetida à aprovação dos homens livres.

4.2. A evolução da inevitabilidade da decisão no Direito Romano.

A experiência jurídica romana merece uma análise mais detalhada. Isso se justifica pelo fato de que o Direito Romano constitui a vivência jurídica mais influente nas atuais configurações jurídicas de matriz romano-germânica. No Direito Romano, desenvolveram-se diversos institutos que os sistemas jurídicos ocidentais viriam a adotar. Nas bases teóricas desenvolvidas pelos juristas e glosadores romanos, os futuros atores jurídicos viriam a se inspirar.

Aulo Gélio (125-175), historiador e juiz investido por Roma, foi retratado como cidadão que efetivamente levou a sério o seu ofício. Os juízes romanos, denominados pretores[183]

---

[183] Ver Maine, Sir Henry James. *Ancient Law*. Disponível no Projeto Gutemberg, 1936, pp. 55 e ss. Nesse sentido, "por volta do século III d.C., o direito romano já era bastante desenvolvido. Os juízes romanos eram seculares e não sacerdotes. O Direito era uma profissão." Rosenblatt,

eram, já no ano IV a. C., responsáveis pela administração da justiça.

Quando um pretor assumia a competência judicial, promulgava um documento chamado "edito" que trazia, em seu conteúdo, as regras e princípios que nortearia os seus atos enquanto juiz.[184] A gestão do pretor era indepedente de intervenção estatal. Sua atuação devia ter como norte de conduta o edito de elaboração e promulgação sob sua responsabilidade.[185]

Certa manhã, o mesmo Aulo Gélio teve diante de si questão complexa. Dois homens vieram até a sua presença para "disputar o juízo de sua convicção". Um homem honrado, de boa-fé pública e notória, reputação impecável, e sobre cuja sinceridade não restava dúvida, reclamava, ante seu tribunal, uma soma em dinheiro, proveniente de um empréstimo que fizera ao réu, homem comprovadamente falso. O réu,

---

Albert. *The Benjamin N. Cardozo Lecture*: the Law's Evolution: long night's journey into day. 58 The Record 144 (Spring 2003), p. 11.
[184] "Tais editos só regiam por um ano, pois o novo pretor poderia aceitá-lo ou não. Na prática, porém, os pretores mantinham os editos dos seus predecessores, fazendo, apenas de vez em quando, modificações ou acréscimos que fossem tido como imprescindíveis." Essa "fixação" de um entendimento, ainda que tácita, por parte dos juízes romanos configuraria o que hoje é reconhecido como construção jurisprudencial. Vico, Giambattista. *Princípios de (uma) Ciência Nova*. Coleção: Os Pensadores de 1973. São Paulo: Abril Editora, 1979, pp. 27 e 28.
[185] Murga Gener, José Luis. *Derecho Romano Clasico II: El proceso*. Zaragoza: Secretariado de Publicaciones de la Universidad de Zaragoza, 1980, p. 65.

obviamente, negava a existência do débito...

Com a abertura dos debates orais, foi demonstrado que o autor não dispunha de prova alguma que servisse de embasamento jurídico às suas alegações. O réu, por sua vez, construiu a sua defesa alegando que era necessário, conforme a lei, que o autor provasse a existência da dívida, com documentos ou testemunhas. Acrescentava, ainda, que, não havendo sido produzida prova alguma, devia ser absolvido e que não havia como se decidir acerca da boa ou má conduta das partes, já que se tratava de dinheiro. Tudo, em suma, não passava de uma calúnia do autor.

Aulo Gélio cria que seu dever era se pronunciar acerca de uma questão de existência ou não de dívida, e não sobre a conduta das partes, pois elas o elegeram seguras de que ele atuaria na condição de juiz privado e não como censor de costumes.

Não sabendo como julgar a causa, Aulo Gélio foi buscar orientações, inicialmente, com seus colegas juristas. Tais amigos lhe deram a seguinte sugestão: se o autor não prova a existência da dívida, o réu deve ser absolvido. Todavia, ele não se satisfez com a resposta.

Considerando aqueles dois homens, honrado um e pérfido o outro, Aulo Gélio não conseguia se convencer a julgar improcedente a ação. Dirigiu-se, então, a um filósofo,

Favorinus, que lhe aconselhou: "não se podendo esclarecer o litígio nem por documentos, nem por testemunhas, deve o juiz procurar de que parte há maior probidade; e só se há igualdade no bem e no mal é que se deve dar fé a quem nega a dívida. Ora, no teu caso, não há testemunhas nem documentos, mas tu afirmas que o demandante é um homem honrado, ao passo que o réu é pérfido. Vai, pois, e dá razão ao demandante".

Aulo Gélio considerou o conselho de Favorinus digno de um filósofo, mas não o seguiu. Parecia-lhe grave condenar sem provas; de outro lado, não podia decidir-se a absolver o réu. E, assim, Aulo Gélio, finalmente, foi até o pretor para prestar juramento definitivo de que o assunto não estava claro, pondo fim à demanda.[186]

Alguns juristas mais apressados identificaram nesse acontecimento uma autêntica ausência de julgamento e, como consequência, depreenderam que a necessária obrigação de julgar não constitui uma evidência essencial no direito, mas se afigura, apenas, como **possibilidade** normativa a compor os "ordenamentos jurídicos". Essa conclusão não parece acertada.

O juiz seria alguém que, além da competência, possui a **obrigação** de julgar. Isso porque faz parte da própria ontologia de juiz o julgar, o decidir – não por ser uma obrigação imposta

---

[186] "iuravi mihi non liquere, atque ita iudicatu illo solutus sum". Gélio, Aulo. *Noches áticas*. Buenos Aires: Europa-América, 1959. Livro XIV, cap. II.

pelo legislador, mas por ser uma característica necessária, definidora do conceito de julgador. Sendo assim, é inconcebível a figura de um julgador que não julgue e, ainda assim, mantenha sua condição de juiz.[187]

Apesar da evidência de que a inevitabilidade da decisão se mostra como essencial ao direito, alguns juristas continuam insistindo em afirmar a possibilidade de existência de alguns ordenamentos nos quais os juízes podem abster-se de julgar. De fato, há registros históricos de julgadores que, diante de um caso que lhes aparentava manifestamente injusto ou de difícil resolução, podiam escolher não julgar.[188] No entanto, essa observação é feita com base, novamente, em uma consideração apressada. O juiz romano podia, sim, abster-se de pronunciar sua decisão. A demanda, no entanto, seria **necessariamente**

---

[187] Cossio, Carlos. *La plenitud del ordenamiento jurídico*. 2ª edición. Buenos Aires: Losada, 1947, p. 59.
[188] Essa possibilidade é encontrada, inclusive, no direito romano, quando os pretores tiveram de criar um meio alternativo para não aplicar regras injustas ou pouco claras. Para isso, o ordenamento processual lhes permitia, sempre que o assunto litigioso não lhes parecesse suficientemente claro, abster-se de pronunciar uma sentença correspondente, jurando simplesmente tal circunstância: *iurare sibi non liquere* (juro, portanto, não decidir). Logo, essa possibilidade era uma reserva legal quase imprescindível ao juiz na *ordo iudiciorum privatorum*, em que sua responsabilidade ultrapassava o dever de simplesmente emitir um juízo compondo a demanda e poderia ensejar graves consequências em sua vida. Nesse sentido Bulygin, Eugenio y E. Alchourrón, Carlos. *Introducción a la metodología de las ciencias jurídicas y sociales*. 3ª reimpresión. Buenos Aires: Astrea, 1998, pp. 210 e 211. Na nota 187 (p. 211), os autores remetem a este caso como prova de que "La existencia de ordenamientos jurídicos en los que los jueces pueden abstenerse de juzgar es lógicamente posible e históricamente comprobable".

julgada por outro juiz.[189] Essa possibilidade, portanto, em nada interferia na inevitabilidade da decisão, pois "o **abandono do litígio** por parte do juiz **o obrigava naturalmente** a designar um **novo magistrado**, que **teria de se encarregar do assunto**".[190]

O direito romano, desse modo, ao contrário do ordinariamente propalado, não comportava, em sua plena estruturação, o *non liquet* em uma perspectiva generalizada, como acreditam alguns mais desavisados. Tratava-se, apenas, de uma garantia ao juiz, ante a extrema responsabilidade do seu exercício (levado a cabo comumente por um membro da sociedade não investido na magistratura de carreira tal qual ocorre frequentemente nos dias atuais), mas jamais uma

---

189 Murga Gener, J. L. *Derecho Romano Clasico II*, p. 314 (nota 439).
190 "Este abandono de litigio por parte del juez obligaba naturalmente al magistrado a designar uno nuevo que tendría que hacerse cargo del asunto". Murga Gener, J. L. *Derecho Romano Clasico II*. p. 314. Para a inexistencia de non liquet no direito romano, ver ainda Kojève, Alexandre. *Ésquisse d'une phénoménologie du droit*. [s.l]. Éditions Gallimard, 1981, pp. 24-25. E ainda: "Tanto en este caso como en otros perecidos, al no existir ninguna solución para salvar el **iudicium**, al menos dentro de la normalidad ordinaria de la jurisdicción, se hacía imprescindible una intervención extra-ordinaria de la magistratura, por ejemplo con una **restitutio in integrum**. Gracias a este remedio pretorio basado en la ficción, se tenía por no hecho el proceso a medio acabar y se consideraba a la fórmula como inexistente con lo cual se abría la posibilidad de confeccionar otra nueva, incluyendo en ella el nuevo iudex que habría de sustituir al anterior". Murga Gener, J. L. *Derecho Romano Clasico II*. p. 303. E ainda Classen, Carl Joachin. *Zur Literatur und Gesellschaft der Römer*. Stuttgart: Franz Steiner Verlag, 1998. E *Cic. Verr. II, 1, 9; Brut. 22 Liv. 43, 2. Cic. pr. Cluent. 27, 28, 58*. Kuntze, Johannes Emil. *Excurse über römisches Recht*. Leipzig: Hinrichs'sche Buchhandlung, 1869.

possibilidade de causas perpetuarem sem o devido julgamento. Mesmo na ausência de provas, quando se decide por dar encerrada a causa sem condenar o demandado, concedendo-lhe, portanto, o benefício da dúvida – como acontece, atualmente, no processo penal com o *in dubio pro reo* – essa resposta judicial configura uma decisão.[191]

Nos casos sem expressa previsão legal, dever-se-ia recorrer à analogia, basear-se nos costumes, isto é, interpretar conforme as regras consuetudinárias, **mas não deixar de resolver o pleito em caso de ambiguidades**, pois "o direito estatuído no âmbito de uma nação contém em si a exigência de ser cumprido, ainda que não se cumpra (em particular, se o juiz não o cumpre)".[192] Isso significa que um ordenamento jurídico não perde a sua qualidade pelo fato de haver ações que o contrariem. Quando um furto é cometido, mesmo que o criminoso não seja capturado e levado ao judiciário, furto continua a configurar um tipo penal e continuará a exigir uma resposta negativa do Estado.

No momento em que a função decisória do juiz adentra o âmbito legislativo, esta faculdade romana (de renunciar à pronúncia de decisão) desaparece – o juiz assume,

---

191 Charwath, Phillip. *Römisches Recht*. Epubli, 1943, p. 633.
192 Schulz, Fritz. *Prinzipien des römischen Rechts*. Unveränderter Nachdruck der 1934 erschienenen ersten Auflage. Berlin: Duncker & Humblot, 2003, p. 10.

concomitantemente à competência para julgar, também a obrigação de fazê-lo.

4.3. *Iurisdictio*.

Entre as noções centrais no direito romano situa-se a de *iurisdictio*. Muitos a conectam ao *imperium* de que gozam todos os juízes.[193] Por outro lado, alguns a reputam como autêntica capacidade criadora do magistrado.[194] Em última instância, seria ele quem, em cada caso, por meio de sua própria regulamentação pessoal, teria, em caráter definitivo, a última palavra.

A força e a obrigatoriedade da sentença apoiar-se-iam completamente no poder político do pretor, derivando desse poder tanto o caráter vinculante da decisão quanto a necessidade de seu cumprimento e a sua execução. O pretor é quem conferia eficácia à jurisdição.[195]

Iurisdictio compõe-se por *ius* e *dicere* e não deve ser

---

[193] Uma das principais teorias enfocando o exame da *iurisdictio* é a designada teoria unitária (*iurisdictio=imperium*). Ela sustenta que a *iurisdictio* é a típica manifestação do *imperium* e que os dois conceitos não podem ser distinguidos. Conferir, *verbi gratia*, Leifer, Franz. *Die Einheit des Gewaltgedankens im römischen Staatsrecht: ein Beitrag zur Geschichte des öffentlichen Rechts*. München, Leipzig: Duncker & Humblot, 1914, pp. 124 e ss.
[194] Murga Gener, J. L. *Derecho Romano Clasico II*, pp. 40 e 41.
[195] A atividade do pretor, por exemplo, era autenticamente decisória e de certo modo criadora da normatividade processual. Idem, p. 44.

confundida, em uma perspectiva inicial, com "dizer o direito" ou "dizer o preceito aplicável". Com efeito[196], o verbo latino *dicere* e mais ainda sua forma arcaica *deicere*, talvez relacionada com o vocábulo grego δεικνύω, supõe um dizer ou manifestar de sentido forte e impositivo muito mais relacionado à ideia de "mandar" ou de "fixar obrigatoriamente", que poderia sugerir o equivalente "dizer" em português. Logo, afigura-se não aconselhável conceber *dicere*[197] como "enunciar", "pronunciar", "exprimir", esquecendo que, em matéria de relações jurídicas, *dicere* não possui valor declarativo, mas constitutivo de "estatuir", "fixar", "impor".

A análise da pertinência das ações no direito romano não deve deixar de considerar as especificidades da *iurisdictio* e da *iudicatio* e, ademais, ressaltar suas respectivas distinções. A diferença entre *iurisdictio (ius dicere)* relacionada, no âmbito do procedimento civil ordinário, à autoridade para permitir a alguém levar sua demanda à deliberação de um juiz, e *iudicatio (iudicare),* ligada à autoridade para dirimir o conflito ou sentenciar um processo, era conferida a uma pessoa escolhida por ambas as partes e autorizada pelo magistrado (o *iudex, arbiter* ou tribunal *dos recuperatores*). Comumente, a *iurisdictio* e a *iudicatio* não eram distribuídas à mesma pessoa.

---

196 Idem, p. 42.
197 Gioffredi, Carlo. *Contributi allo studio del processo civile romano*; note critiche e spunti ricostruttivi. Milano: Giuffrè, 1947, p. 10.

A *iurisdictio* constituía encargo estatal e era outorgada a um magistrado (ao pretor, urbano ou peregrino, governador de província, *ediles curuis* e *questores*). No que tange à *iudicatio*, a uma ou várias pessoas privadas. Jurisdição e judicatura, então, expressam constituição de direito (*ius*).

O procedimento ordinário era bifásico, sendo a primeira fase diante do magistrado, que recusava ou concordava com a ação (*in iure*), e terminava com um acordo sobre a questão objetiva do pleito — as bases da demanda — e a indicação do *iudex* e das testemunhas. O encerramento da primeira fase indicava a *litiscontestatio*, e, em caso de recusa do demandado na participação da *actio*, não ensejava a fase seguinte. Na segunda fase — *iudicium* (*apud iudicem*), a demanda do autor era apreciada em relação ao mérito, sendo completamente vedado o *non liquet* e o recurso contra o *decisum*.

Na seara da *ordo iudiciorum privatorum*, peculiarmente privada, o magistrado reserva-se o papel de condutor da lide visando à formação de uma nova situação entre as partes litigantes levando à *actio iudicati*.[198]

Os magistrados romanos não eram enunciadores de normas, isto é, eles não diziam qual seria a norma aplicável ao caso concreto. Eles emanavam, pelo contrário, "provimentos

---

198 Schulz, Fritz. *Derecho Romano Clasico*. Traducción directa de la edición inglesa por José Santa Cruz Teigeiro. Barcelona: Bosch, 1960, p. 12

sempre tendentes mais ou menos diretamente para a resolução da lide". Estes "atos não são enunciações de normas, mas emanações de um provimento, estatuições de um vínculo, de uma regra, daquilo que em suma os romanos entediam como *ius*". Tais procedimentos não enunciavam normas, mas configuram, efetivamente, "uma manifestação de vontade, função, por conseguinte, não declarativa, mas volitiva.[199]

Na *addictio*, uma aprovação (uma sanção magistral para a pretensão da parte), particularmente, não se verifica expressão de norma aplicável, sem embargo essa se concretiza em um dos *tria verba* constituintes do *ius dicere*".[200]

O *ius* corresponde a qualquer decisão tomada pelo magistrado, "em uma relação jurídica sob sua cognição, ainda que de caráter negativo, tal qual na *denegatio actiones*, ato que se apresenta como contrário do sustentado pela enunciação da norma, tanto que se distingue entre *denegatio actionis* e *ius non dicere* que equivale ao não se pronunciar efetivamente sobre o pleito da parte".[201]

O *ius dicere* corresponde a juízos volitivos, não ligados necessariamente ao *dare actionem*, mas também à opção pela alternativa inversa, isto é, a deliberação no sentido de negar

---

[199] Danner, Henry R. *Roman Law Pleading*. Privately printed. Indianapolis, 1912, pp. 8-9.
[200] Gioffredi, C. *Contributi allo studio del processo civile romano*, p. 11.
[201] Ibidem.

provimento à demanda, pois o *ius dicere* é também e efetivamente *denegare actione*.

A tese de que o *ius dicere* é "dizer o direito" ou "aplicar uma lei" merece questionamento, pois, no caso de denegação, qual lei estaria sendo aplicada? No mínimo, qualquer prescrição legal, por mais expressa que seja, vivencia a possibilidade da demanda ser resolvida sem a considerar, nos casos de absolvição. O *ius dicere* é, portanto, "ato de vontade, mas sem finalidade delimitada, senão variável".[202]

4.4. Complexificação dos mecanismos de decisão no direito.

Os muitos séculos que vão do desaparecimento do Império Romano ou fim da civilização antiga ao surgimento dos Estados Nacionais trouxeram, sobretudo depois do século XII, o florescimento de instituições e justificativas para a centralização do poder de julgar. As sociedades desenvolveram, ao longo dos anos, diversas formas de estabelecimento de atividade judicante.

Hoje, a judicatura assumiu intensa complexidade. Há uma confusa e enorme engrenagem judiciária com diversos recursos possíveis, supervisão e revisão permanente de decisões

---

202 Gioffredi, C. Idem, p. 13.

de instâncias inferiores pelas superiores. Atualmente, por volta de 40% das sentenças são reformadas pelos tribunais[203], o que comprova que o direito se reproduz em contínuas transformações. *Reformar* um julgado significa formá-lo de novo, construir nova forma, modificar a conformação jurídica anterior.

A cada conflito será oferecida, pelo aparato judiciário, decisão jurídica. Logo, a inevitabilidade da decisão jurídica se mostra característica essencial e inerente ao direito. Havendo uma demanda jurídica, ela será decidida.

Com a constante possibilidade de reforma, de reconstrução, de refazimento do direito, o que se tem, a bem da verdade, é o oferecimento de uma multiplicidade de decisões por parte do sistema judiciário. E aqui se insere a segunda característica essencial ao direito – a sua inerente dinamicidade.

A realização e desrealização do direito aparece como algo incontornável. Os tempos mudam, novas sociedades surgem, e diferentes são os conflitos com os quais o direito deve lidar. A cada dia renovam-se as disputas sociais, a cada momento criam-se problemas, dúvidas, dificuldades e conflitos aos quais o direito deve responder.

Um juiz deve oferecer uma decisão para as demandas

---

[203] Machado, Antônio Cláudio da Costa. Relatório sobre novo CPC na Câmara é autoritário. *Conjur*. 29/08/2012.

que lhe são submetidas. Como esperar, então, que o mesmo direito romano de antigamente possa ter, nos seus fundamentos teóricos, respostas coerentes e satisfatórias às questões atuais? Mensalão, aborto, fetos anencéfalos, união estável homoafetiva, cotas, mais ou menos direitos aos empregados domésticos... novas decisões virão. Novas realizações do direito.

Que serão, pouco tempo depois – ou quem sabe ainda na mesma turma, no mesmo voto, no mesmo dia – desrealizadas. Alteradas. Desfeitas. O jurista deve ter diante de si a realidade de que o direito é tão fluido quanto a sociedade que rege. E assim a humanidade e o direito com ela caminham para novas realizações!

5. A REALIZAÇÃO DO DIREITO E O DIREITO EM REALIZAÇÃO.

O direito se configura em perpétua realização. Sua perspectiva é dinâmica, isto é, ele compõe-se de variáveis e da constante obrigação de decidir os casos juridicamente tutelados.

O direito em realização, entretanto, não deve ser confundido com sua realização no caso *sub judice* (sua concretização *in casu*).[204] A manifestação do direito em uma demanda específica é uma realização **do** direito e não **o** direito em realização, como o quadro "O grito" (*Skrik*, 1893) é realização **do** Edvard Munch, mas não **o** Edvard Munch em ação. O **realizar do direito** é, portanto, algo diferente do **direito realizado**.

O direito é uma construção que encontra seus últimos contornos ao julgar a questão jurídica. É uma obra humana inacabável que se manifesta em uma situação ao apresentar para ela uma solução. Concomitantemente, é também uma construção em aberto, uma vez que irrompem na sociedade

---

204 Ao contrário do pensam muitos juristas, a concretização do direito resulta do processo de interpretação jurídica. Os dispositivos jurídicos não são aplicáveis. Não se aplica leis a fatos como muitos imaginam. O interpretador interpreta relatos fáticos ou imaginários, ensejadores de uma demanda judicial. Ao interpretá-los, pode considerar os balizadores legais (quando esses existem). Não há aplicação de norma, mas construção de norma para uma demanda específica.

novas querelas sociais exigindo, uma vez mais, a manifestação do direito. O direito faz-se e refaz-se, assim, em cada conflito que requer a intervenção de um juiz.

Quando o STF manifestou-se contrário à revisão da Lei da Anistia, por sete votos a dois (ADPF 153), ele ofereceu uma resposta pontual, específica para determinado momento. "O direito realiza o que precisa ser realizado num determinado momento histórico". São as palavras da ministra Cármen Lúcia, que realça o fato de que uma resposta do Judiciário realiza-se e extingue-se pontualmente.

O anseio social, no entanto, continua a exigir da Corte um novo posicionamento. E quando o ministro Joaquim Barbosa afirma que a modificação do conteúdo da decisão é possível "porque a composição do tribunal muda com muita frequência"[1,] ele traz justamente essa transitoriedade, essa característica inerente ao direito de se fazer e se refazer, realizar-se e desrealizar-se, característica esta intrínseca também aos seus atores – que são, na sua qualidade de humanos, igualmente transitórios.

O direito é um complexo estruturante e, consequentemente, deve ser considerado em contínuo movimento. Ele muda constantemente por meio da dinamicidade propulsora da incontrolável engrenagem jurídica – construtora do direito em perene realização.

Essa dinamicidade propulsora é encontrada, por exemplo, na mudança de posicionamento de um ministro do STF no decorrer de um julgamento. Ao proferir seu entendimento quanto a dois réus do mensalão, o ministro Lewandowski simplesmente mudou de ideia.[205] Ao invés de condenar, resolveu por bem absolver. O mesmo embasamento jurídico que havia sido utilizado para punir foi utilizado para salvar. Realização e desrealização.

Cai por terra a famigerada ideia de ordenamento, que é recorrente na teoria do direito com o advento dos impulsos sistematizantes.[206] A noção de direito como ordenação deve ser desconsiderada, na medida em que não condiz com o que efetivamente ocorre, pois, na realidade, sua construção não é necessariamente ordenada.

A observação da vivência jurídica demonstra que o direito é um emaranhado de disposições desarranjadas e não orientadas para a constituição de um sistema, semelhando a uma verdadeira laúza. Logo, em sua formação, não se nota um conjunto relacionado por um princípio unificador, mas uma

---

205 http://noticias.terra.com.br/brasil/politica/julgamento-do-mensalao/lewandowski-muda-voto-e-empata-julgamento-de-costa-neto,31f89abea135b310VgnCLD200000bbcceb0aRCRD.html. Acesso em 30.05.2013.
206 Para maiores detalhes, conferir, entre outros, Losano, Mario G. *Sistema e struttura nel diritto*. Volume I: dalle origini allá scuola storica. Torino: Giappichelli, 1968 e Ferraz Jr., Tercio Sampaio. *Conceito de sistema no direito*. São Paulo: Revista dos Tribunais, 1976.

mixórdia caótica, cuja funcionalidade se conecta ao ineludível ofício judicante.

 À estruturação do direito relaciona-se intrinsecamente a decisão jurídica. O surgimento contínuo de conflitos na sociedade impõe ao direito o julgamento (resultado de um processo judicial). Os desentendimentos entre os indivíduos surgem sem cessar e, quando são levados à tutela do judiciário, demandam decisões. O direito não vivencia um momento sequer de interrupção: sua transformação é contínua e, a cada julgado, surgem elementos inéditos à sua perpétua construção. Infere-se, ante o exame dessas circunstâncias, que ele não possui uma estrutura fixa e, por conseguinte, deve ser analisando em uma perspectiva que atente para essa mutabilidade.

 Quando o ministro Luis Fux muda o seu ponto de vista durante o julgamento acerca da constitucionalidade da Lei Ficha Limpa não há, portanto, interrupção no seu raciocínio; o direito, em si, não mudou. Ele simplesmente transformou-se, transcendeu-se, refez-se naquele contexto, influenciado por outras falas, por opiniões contrárias. É justamente essa fluidez do direito que permite que duas pessoas depreendam de um mesmo suporte normativo interpretações diametralmente opostas. Mas é apenas a ideia de perpétua construção e reconstrução do direito que explica o fato de a **mesma** pessoa poder depreender, de uma mesma norma jurídica, em um curto espaço de tempo, interpretações diversas. "A tradição dessa casa é que, enquanto o julgamento não tiver terminado, qualquer ministro pode mudar o seu entendimento", justifica o ministro Lewandowski a sua mudança de voto ante acusação do ministro Joaquim Barbosa.[207] Ampliemos a frase do ministro: a tradição do direito é que, enquanto ele existir, não haja entendimento.

O direito é mecanismo social de resolução dos conflitos. A convivência social é regulada. As ações geralmente não pautadas pelas previsões legais costumam ensejar controvérsias. Quando levadas à apreciação judicante, movimentam a engrenagem do judiciário que deverá analisá-las, observando se ocorreu um desvio de conduta e emitir um juízo acerca dele.

A judicatura é complementadora do processo de "fabricação" do direito para o caso. A manifestação do direito, quando o judiciário é acionado, se dá mediante o proferimento da sentença acerca da postulação em juízo. A existência do direito se liga inseparavelmente às resoluções das demandas em análise judiciária. Ele acontece efetivamente intermediado pelo julgamento dos feitos processuais.

5. 1. A complexificação social e o desenvolvimento

207
https://conteudoclippingmp.planejamento.gov.br/cadastros/noticias/2013/3/1/joaquim-barbosa-e-lewandowski-voltam-a-discutir. Acesso em 30.05.2013.

da judicatura.

Nos primórdios da humanidade, o instrumental decisório praticamente ou não existia ou era precário. Os parâmetros para julgar os possíveis desvios de conduta (geradores de litígios) eram, aos olhos de hoje, totalmente inusitados. Várias contendas foram resolvidas recorrendo-se às ordálias. Outras tantas por meio de adivinhações[208], lançamentos de dados, afogamentos em rios, consulta ao voo de aves ou a fígado de animais.[209]

As alterações de hábitos culturais e a complexificação das

---

208 Quanto às adivinhações, conferir Peters, Edward. *The Magician, the Witch and the Law*. Library of Congress, 1978, no seu prefácio e pp. 11 e ss.; as pessoas que realizavam essas "leituras" eram conhecidas como arúspices (do latim *haruspices*). A arte da leitura do fígado de animais como forma de descobrir a verdade foi praticada por babilônios, etruscos, gregos e, posteriormente, pelos romanos. Para uma análise completa da arte praticada pelos *haruspices*, ver: http://web.eecs.utk.edu/~mclennan/BA/Har.html e ainda http://traumwerk.stanford.edu/archaeolog/2007/09/reading_livers_through_reading_1.html (Acesso em 30.05.2013).
209 Para exemplos e análises de ordálias, ver Gallanis, Thomas P. *Reasonable Doubt and the History of the Criminal Trial*. The University of Chicago Law Review, vol. 76, No. 2 (2009), pp. 947 e ss., que traz os exemplos das ordálias pelo fogo e pela água; Leeson, Peter T. *Ordeals*. Disponível em: http://www.peterleeson.com/Ordeals.pdf, analisando minuciosamente os mais diversos tipos de ordálias utilizados na Idade Média; do mesmo autor, conferir também: http://www.boston.com/bostonglobe/ideas/articles/2010/01/31/justice_medieval_style/ (Acesso em 30.05.2013); Horovitz, Anat. *The emergence of sentencing hearings*. Los Angeles: SAGE Publications, 2007, p. 273, também com o exemplo da ordália da água e do fogo.

organizações sociais impuseram a readaptação do aparato judicante. No decorrer dos anos, muitas formas de composição de conflitos restaram inadequadas e, tiveram de ser descartadas.

A humanidade progride, as tecnologias avançam, verdadeiras revoluções científicas ocorrem diariamente e, assim como os recursos empregados no tratamento de doenças não são os mesmos de milênios atrás e os artifícios usados na construção de moradias diferem substancialmente dos que eram utilizados na Antiguidade, os mecanismos de resolução de conflitos também são distintos dos de outrora.

Com o passar dos séculos, os homens perceberam que seria melhor estatuir, de modo mais preciso, orientações para a solução dos conflitos, o que ofereceria propostas mais específicas à solução de litígios. Resolveram disponibilizar um referencial para que os investidos no mister de sentenciar as demandas pudessem se basear no exercício de suas atividades.

Entretanto, os julgadores continuam a decidir de um modo incerto. Não é possível prever a decisão a ser tomada.[210]

---

[210] "(...) like the rest of us, judges use heuristics that can produce systematic errors in judgment. Even if judges are free from prejudice against either litigant, fully understand the relevant law, know all of the relevant facts, and can put their personal politics aside, they might still make systematically erroneous decisions because of the way they-like all human beings-think." Guthrie, Chris et al. "Judging by Heuristic. Cognitive illusions in judicial decision-making". *Judicature* Volume 86, Number 1 July-August 2002, p. 50. Guthrie Chris, portanto, erra ao acreditar que existem, de fato, decisões certas e decisões erradas. Não existe um parâmetro correto/incorreto na atividade jurisdicional. Quem detém o poder de

Caso fosse possível predizê-lo não se trataria de decisão e sim de dedução. Os feitos levados à apreciação judicial serão resolvidos de uma maneira não sabida previamente.[211] De algum modo, o direito conserva, desde tempos imemoriais, certo viés deslumbrante e de que circunstancialmente surpreenderá, enfim, um caráter místico (mágico).

Uma dedução lógica dar-se-ia, assim, quando um juiz, já tendo proferido decisão a respeito de um assunto, voltasse a se pronunciar sobre o tema, abordando os mesmos argumentos e chegando às mesmas conclusões. O que se assiste, no entanto, é justamente o contrário. O ministro Celso de Mello, ao se posicionar, em dezembro de 2012, quanto à cassação de mandatos de políticos pelo STF deveria, em tese, seguir o mesmo entendimento de seu voto proferido 17 anos antes – quando alegou que a Corte não era competente para tanto. Mas não há dedução lógica. Não há previsão. Não há profecia. A decisão é mística por si só – por ser imprevisível e indomável.[212]

---

determinar se uma interpretação está certa ou errada? Uma decisão é jurídica. Este atributo advém da legitimidade da autoridade que a profere. Nesse sentido, Pfersmann, Otto. "Unconstitucional constitucional amendments", ZÖR (2012) 67:81–113, p. 89. "judges (...) often try not to let themselves be bound by legal norms, which they consider to be 'morally' or 'functionally' or 'purposively' or 'interpretatively' open. The reasons might be quite different. Whereas some of them may try to promote their political ideologies, others just try hard to be 'just' (...)."
211 Embora não se saiba qual critério será usado na resolução da contenda ou se será utilizado algum critério, sabe-se, antemão, que os critérios existem e que são ofertados ao julgador no processo decisório.

Ao fim e ao cabo, o ministro desdisse o que havia dito em 1995. Contrariou as deduções, as previsões e – quem diria – contrariou a si mesmo. Desrealização.

A imprevisão afeta também o relacionamento entre os tribunais superiores. Em um espaço de cinco anos, o STJ contrariou entendimento sedimentado de forma unânime pelo STF. Ambos tiveram, diante de si, a decisão acerca dos prazos a serem seguidos pelas instituições financeiras.[213] Enquanto os dez ministros do STF concordaram – todos eles – que a aplicação correta seria aquela que confirmasse o código do consumidor, o STJ, por maioria, o desdisse. Redisse que o correto é a aplicação do Código Civil. Há certo e errado? Ou se trata apenas do direito no seu desenrolar natural? Realização e

---

212 "El **mito** sobre la racionalidad del Derecho constituye, por lo tanto, un elemento ineludible de toda cultura". Salas, Minor. "Qué significa fundamentar una sentencia?". *Cuadernos electrónicos de filosofía del derecho*, ISSN 1138-9877, Nº. 13, 2006, p. 3. Alejandro Nieto posiciona-se da mesma maneira: "En mi opinión, aquí nos encontramos, en efecto, ante un engaño 'institucionalizado'. Por razones ideológicas, el Estado no puede admitir que sus órganos judiciales decidan por causas distintas de la racionalidad legal, que es la única que les legítima. De la misma manera que los jueces se sentirían lastimados en su dignidad personal si se atribuyeran causas no jurídicas a sus resoluciones. Para que el mundo viva en orden es imprescindible que los comportamientos humanos puedan justificarse caballerosamente y, con Freud o sin él, nadie está dispuesto a reconocer en público lo que quizás no niegue en la esfera de su intimidad. Puesto que el sistema político ha decidido que las sentencias se deducen de razonamientos lógicos, no es prudente abrir las puertas de la bodega para dejar que salgan los fantasmas de la irracionalidad o las alimañas del decisionismo." Nieto apud Salas, idem, p. 5.
213 http://publicidade-valordigital.valor.com.br/legislacao/977060/stj-aplica-o-codigo-civil-em-discussao-sobre-tarifa. Acesso em 30.05.2013.

desrealização?

O "desenrolar" do direito é levado a cabo pelos juízes quando de suas decisões. Como lidar, portanto, com os impasses diários entre jurisprudências? Como lidar com impasses no próprio julgamento, que culminam, como já visto, em "mudar de ideia"? Como pode um juiz "mudar de ideia"?

No modelo anglo-saxão existe a diferenciação entre *overruling* e *distinguishing*. Na *common law*, a fixação de um precedente pela jurisprudência não é, de forma alguma, imutável. O *overrurling* configura, assim, a possibilidade de que a própria corte – cujo entendimento já foi consolidado em um precedente – refaça, rediga, reinterprete o seu posicionamento. Quando há elementos do próprio caso a ser julgado que venham a alterar significativamente o quadro do caso fixado no precedente, qualquer tribunal e qualquer juiz pode recusar a sua aplicação, o que é chamado de *distinguishing*. A jurisprudência anglo-americana, portanto, exime-se de aplicar uma interpretação obrigatória quando tal aplicação resultaria em uma decisão anacrônica, manifestamente injusta ou – por que não? – simplesmente inadequada.

No Brasil, depara-se todos os dias com ambas as formas teóricas. Tanto o *overruling* quanto a *distinguishing* constituem a realidade jurídica com a qual o operador do direito deve lidar. A possibilidade de alteração de critérios já plenamente sedimentados como forma de impedir a formação de decisões injustas permite, por exemplo, que o ministro Lewandowski suplante inclusive a já sacramentada tempestividade do recurso como forma de vir ao auxílio de um cidadão cuja representação por um defensor foi bastante prejudicada.[214] Uma canetada faz ruir anos e anos de construção jurisprudencial. Uma frase desconstrói leis. Um voto desdiz centenas de juízes. Dinamicidade.

Em um exame das súmulas, portanto, o Tribunal, ciente de que o direito é deviniente, edita diversos desses instrumentos, na tentativa de impor o seu posicionamento aos demais agentes públicos e juízes subordinados. Nada mais é do que o reconhecimento da deviniência por meio da esperança de editá-la.

Esperança vã. O direito deviniente é superior às súmulas e a prova da sua existência fica ainda mais evidente quando: a) o juiz inferior decide de forma contrária à súmula; b) o tribunal superior reforma a decisão afirmando ser ela contrária à súmula.

O que dizer da reunião de magistrados de um tribunal que revoga a sua própria súmula, como aconteceu, por exemplo, na ocasião em que o STJ revogou a súmula que equiparava a arma de brinquedo à arma de fogo, para fins de aplicação da

---

214 http://www.stf.jus.br/portal/cms/verNoticiaDetalhe.asp?idConteudo=225049. Acesso em 30.05.2013.

majorante no crime de roubo? Não fosse a deviniência, tal revogação nunca ocorreria. O caso só foi reaberto porque juízes, cientes da deviniência, insistiam em divergir da súmula, e advogados, também cientes, insistiam em recorrer, mesmo sabendo da existência da súmula.

E quando o Ministro Gilmar Mendes defere uma liminar para liberar Daniel Dantas, sabendo do impedimento existente na própria súmula do STF (691), mas afirmando que em alguns casos "excepcionais" esta não tem aplicabilidade?

E, no mesmo exemplo dessa súmula, o Ministro Joaquim Barbosa, inflexível quanto ao tema, insiste em aplicá-la, mas, para achar uma saída para o que ele considera "excepcional", não conhece dos habeas corpus impetrados na situação retratada na súmula embora, de ofício, conceda ordem de habeas corpus idêntica à que foi pleiteada e não conhecida?

Com isso, subsiste a dinamicidade do direito, não servindo a jurisprudência ao propósito de fossilizar o ordenamento jurídico, determinando decisões futuras que são, por si só, indetermináveis.

"A atividade de interpretar os enunciados normativos, produzidos pelo legislador, está cometida constitucionalmente ao Poder Judiciário, seu intérprete oficial, podemos afirmar, parafraseando a doutrina, que o conteúdo da norma não é, necessariamente, aquele sugerido pela doutrina, ou pelos juristas ou advogados, e nem mesmo o que foi imaginado ou querido em seu processo de formação pelo legislador; o conteúdo da norma é aquele, e tão somente aquele, que o Poder Judiciário diz que é."[215]

E o Poder Judiciário jamais extrairá, da mesma norma, um mesmo conteúdo. Quer entre juízes, quer entre tribunais. Quer com décadas de diferença, quer com horas ou minutos entre um entendimento e outro diametralmente oposto. A deviniência manifesta-se a todo momento, sem pedir licença. A deviniência não ocorre: é.

Ao refletir sobre o tema, encontro nos meus poucos anos de advocacia vários exemplos de deviniência, mas é dentro de minha casa que encontro a sua maior vítima: meu pai.

Meu pai é engenheiro. Sua empresa paga tributos, dentre eles a COFINS. Há alguns anos, o STJ consolidou, mediante súmula, o entendimento que a cobrança da COFINS, em hipóteses que se aplicam à empresa do meu pai, era ilegal. Impetrado mandado de segurança com base nesta súmula, obteve liminar fácil. Anos depois meu pai conheceu a deviniência: o STF, que já havia recusado apreciar a matéria anteriormente, mudou de ideia, a apreciou e decidiu de forma contrária ao entendimento consolidado no STJ.

---

[215] AI nos EREsp 644736/PE, Rel. Ministro Teori Albino Zavascki, Corte Especial, julgado em 06/06/2007, DJ 27/08/2007, p. 170.

Meu pai até hoje não se conforma. Para ele, é inconcebível que algo que ele tinha como certo seja modificado de um dia para o outro.

Hoje, ele deve os tributos, com juros, taxa SELIC e tudo mais.

Vítima do direito deviniente? Sim, mas vítima de algo, embora improvável, não impossível e até certo ponto previsível. Creio que ele é vítima maior do desconhecimento do tema. Ele, engenheiro, tem a deviniência por inconcebível. Seu advogado, no entanto, na qualidade de operador do direito, deveria conhecer da sua existência e atuar com base em e a partir dela. Se assim fosse, pediria, em liminar, o direito de depositar em juízo os valores supostamente devidos. A decisão em caráter preliminar engessaria, ainda que temporariamente, a desrealização do direito, que veio notadamente a ocorrer.

O segundo exemplo decorre do primeiro. A OAB/MG impetrou mandado de segurança coletivo versando sobre o mesmo tema. Obteve a liminar. Vários escritórios, cientes da deviniência, ingressaram no feito pedindo o depósito em juízo, mesmo diante da existência de súmula do STJ. Se safaram!

Tanta disparidade conduz, em muitos sentidos, à insegurança e/ou incerteza jurídica. Porém, a vivência jurídica mostra que quem lida com o direito jamais deve se sentir seguro de nada, muito menos certo de alguma coisa. O não saber o que advirá, o não conhecer do futuro, a inexistência de lógica nas decisões leva ao surgimento das mais diversas justificativas, cujo objetivo é simplesmente acalentar os ânimos humanos – tentando trazer alguma dose de segurança inexistente, aplicando uma razão que nunca esteve presente. Qual a outra explicação possível para o surgimento da figura do "salto triplo carpado hermenêutico", apontada pelo ministro Ayres Britto contra o seu colega Cezar Peluso? Mesmo quando uma interpretação resta sem sentido, ainda assim julga-se necessário nominá-la, na vã tentativa de eventual classificação ou figuração do realmente expressado. A delimitação que se depreende da atribuição de um nome acalma. Concretiza. Pretende tornar imutável o mutável, engessado o fluido. Pretende, em última análise, ignorar a deviniência.

Mesmo cientes da indeterminação da decisão, os encarregados da missão de julgar, ao lhes serem conclusos os autos processuais, dispõem de um instrumental, isto é, de um repertório formado por um emaranhado de proposições, quer dizer, de propostas que servirão de direcionamento, de guia, de modelo para decidir a controvérsia jurídica. Poderão se valer das várias proposições jurídicas que lhes são oferecidas para solucionarem a contenda, selecionando, quando houver, uma que lhes pareça ajustável ao caso em análise, como também não optarem por nenhuma, criando, assim, uma nova (proposição jurisprudencial).[216] Essa criação foi o caso do tal "triplo carpado hermenêutico".[217]

A utilização desse instrumental jurídico fica bastante evidenciada quando adentramos a análise do acórdão que tratou do reconhecimento da união estável homoafetiva. Dentre os dez ministros, encontramos dez justificativas diferentes – embora o resultado tenha sido o mesmo para todos. Fica bastante claro que o ponto de chegada já era pré-determinado no caso de cada juiz. Com o repertório fornecido por leis, argumentos de autoridade, literatura, filosofia e demais ferramentas, cada um construiu o seu caminho de forma

---

216 Nesse sentido, Pfersmann, Otto. "Unconstitucional constitucional amendments", ZÖR (2012) 67:81–113, p. 103: "Law is largely undetermined and vague, and within the range of indeterminacy and vagueness many different solutions are legally admissible."
217 "Ahora bien, los jueces no están exentos, como cualquier otro ser humano, de la vanidad, de la presunción y hasta de la arrogancia propia del gremio. Ellos gustan que sus fallossean tomados en cuenta por la doctrina a efectos de ser comentados en los libros, en los manuales o en los artículos de revistas especializadas. Y ello aún más cuando esos comentarios son encomiásticos, considerándose que la sentencia en cuestión vino a dar un giro importante en la jurisprudencia. De allí que no es inusual (particularmente en ciertos países) encontrarse fallos donde abundan las citas de literatura especializada y de eruditas elucubraciones sobre las distintas "teorías" que hay en la materia en discusión. Las sentencias se convierten así en un campo de batalla y en un foro para el ejercicio de la gimnasia dialéctico-retórico. Todo esto no estaría mal si no fuera por el "detalle" de que muchas veces esas disquisiciones no tienen nada que ver con el fondo del asunto, sino que buscan más bien lanzar una cortina de humo sobre los puntos verdaderamente candentes del problema." Salas, Minor. "Qué significa fundamentar una sentencia?". *Cuadernos electrónicos de filosofía del derecho*, ISSN 1138-9877, Nº. 13, 2006, p. 6

independente. Por vezes, independente, inclusive, de qualquer embasamento legal, apoiando-se em justificações externas ao direito.

O direito deviniente é, portanto, tão presente que se sobrepõe à segurança jurídica constitucionalmente prevista.[218] Não há segurança de que uma decisão proferida em um processo será a mesma em processo idêntico. A possibilidade de ajuizamento de ações revisionais, por exemplo, torna o certo jurídico incerto até mesmo quando já existe uma decisão transitada em julgado. Quando um pedido revisional é julgado procedente, ocorre nada mais nada menos que o solapamento de uma garantia constitucional pelo direito deviniente. Ocorre a desrealização da realização. O direito se refez.

5.2. Disposições jurídicas.

Disposição é o ato ou efeito de dispor, ou seja, de se colocar à disposição para que se faça condizer com o que se pretende harmonizar (acertar, organizar, planejar, programar, projetar, traçar as linhas gerais de; esboçar, delinear).

---

218 Costuma ser difícil estabelecer uma relação direta entre a regra jurídica e o caso a que ela foi aplicada. Os juízes, no exercício da sua atividade interpretativa, deformam a norma e os fatos a fim de "enquadrar" um no outro. Pfersmann, Otto. *Contre le néo-réalisme juridique. Pour un débat sur l'interprétation*. Revue française de droit constitutionnel, Jan. 2012, p. 32.

As disposições jurídicas atuam como elementos preparadores do agir humano ao torná-lo suscetível de imputação e responsabilização. Logo, elas visam a orientar os indivíduos, preparando-os para possíveis consequências do seu agir, contando com sua adesão, na medida em que lhes fornece as instruções de como se comportar, apontando com antecipação o devido modo deles procederem.

Vários elementos concorrem para permanente estruturação do direito. As disposições legais representam um papel de destaque entre eles. Elas são expressas em proposições[219] e são enunciados que constituem os objetos a serem interpretados.[220]

5.3. Proposições Jurídicas.

As **proposições jurídicas** são proposições imputativas responsabilizadoras. Proposição[221] é o ato ou efeito (ação) de propor (de submeter ao exame e/ou à deliberação); algo que se propõe, proposta, oferecimento, sugestão, em latim *propositio*,

---

219 Llambias de Azevedo, Juan. *Eidetica y aporetica del derecho; prolegomenos a la filosofia del derecho.* Buenos Aires: Espasa-Calpe Argentina, 1940, p. 61.
220 Guastini, Riccardo. *Dalle fonti alle norme.* Seconda edizione. Torino: Giappichelli, 1992, p. 18.
221 Para ser ter uma noção detalhada da expressão proposição em sentido lógico, conferir, entre outros; Ferrater Mora, José. *Diccionario de Filosofía.* Tomo II. Buenos Aires: Sudamericana, 1971, pp. 491-497.

que significa, literalmente, "posto diante", "exposto à apreciação", donde também poder ser entendida com o sentido de apresentação, de intento, de lembrança, de requerimento. Proposição jurídica corresponde a uma proposta oferecida ao juízo (julgamento) e se caracteriza pela imputação e responsabilização.

Imputar aparece como **possibilidade**[222] de atribuir uma ação a um agente, considerado seu causador.

Uma **proposição imputativa** não só oferece uma proposta, como também possibilita a atribuição de uma ação ao agente, tendo em conta sua autoria.

Responsabilidade equivale à **possibilidade**[223] de prever os efeitos do próprio comportamento e de corrigi-los apoiando-se em semelhante apontamento. Logo, uma **proposição imputativa responsabilizadora** jaz como algo proposto e representando a possibilidade de atribuir uma ação ao agente reputando-lhe como seu ensejador, na medida em que ele age responsavelmente, isto é, tem a possibilidade de prever os efeitos do próprio comportamento e de avaliá-los (e quem sabe

---

[222] A palavra **possibilidade** aqui não é empregada por mera conveniência teórica, mas faz parte da própria conceituação de **imputabilidade**. Conferir o vocábulo *imputabilità* em Abbagnano, Nicola. *Dizionario di filosofia*. 2ª edizione. Torino: UTET, 1971.
[223] A palavra **possibilidade** também não é empregada aqui por mera conveniência teórica, mas faz parte da própria conceituação de **responsabilidade**. Conferir o vocábulo *responsabilità* em Abbagnano, N. *Dizionario di filosofia*.

corrigi-los) com base em tal previsão.

A proposição antecede o agir. Quando a pessoa opta por determinada conduta, ela tem a possibilidade de prever seus efeitos. A previsibilidade, raciocinando juridicamente, está na **proposição imputativa**, que, por estar "posta ántes"[224], representa a possibilidade de atribuir uma ação ao agente considerando-lhe como seu causador.

Responsabilidade compreende a possibilidade de deliberar sobre o comportamento (avaliar e circunstancialmente corrigir a conduta) baseando-se em tal previsão, não se restringindo à possibilidade de prever seus efeitos.

O emaranhado proposições jurídicas funciona como instrumental para as deliberações sobre as ações, tanto para o juízo de como deve ser o comportamento em sociedade, quanto para o julgamento (de terceiros) acerca dele.

As proposições constituem modelos apresentados ao julgador para sua deliberação acerca do caso sob seu apreço. Elas possuem caráter performativo (*per-formare*), isto é, servem para a formação do direito, na medida em que estão à disposição do julgador, para constituir o direito realizado no caso concreto. Elas se referem previamente a hipóteses fáticas abstratas (necessariamente e conscientemente incompletas, não automaticamente constáveis, tampouco auto-realizáveis) e,

---

[224] Llambias de Azevedo, J. *Eidetica y aporetica del derecho*, p. 50.

juntamente com a atividade judicante, abarca o suporte fático fortuito "individual e ocasional"[225] em suas circunstâncias. Os dispositivos jurídicos possuem "praticamente e comumente necessidade da decisão"[226], para efetivarem seu papel no âmbito do direito.

5.4. A obrigação como resultante de decisão.

As proposições jurídicas – antepostas às ações, imputando-as e responsabilizando-as, oferecendo para elas um "padrão comportamental", uma "proposta de como agir", uma "sugestão de como se conduzir" – não obrigam.[227] Elas apenas

---

225 Isay, Hermann. *Rechtsnorm und Entscheidung*. Berlin: Franz Vahlen, 1929, pp. 3 e ss.
226 Isay, H. *Rechtsnorm und Entscheidung*, p. 15. No mesmo sentido, sobre Kelsen, Pfersmann, Otto. "Contre le néo-réalisme juridique. Pour un débat sur l'interprétation". *Revue française de droit constitutionnel*, Jan. 2012, p. 253.
227 "É notoriamente incorreta a afirmação de Castberg" de que: "Um resultado procedente de comandos do direito e dos princípios existentes de interpretação jurídica é imediatamente obrigatório". "É **juridicamente obrigatória** somente a **norma individual** estatuída por um ato de vontade do órgão aplicador da norma geral e cuja validade não pode ser obtida mediante operação mental lógica". Kelsen, Hans. *Allgemeine Theorie der Normen*. Wien: Manzsche Verlags- und Universitätsbuchhandlung, 1979, p. 198. Kelsen referia-se à p. 65 da obra *Problems of Legal Philosophy* (2d rev. English ed., Oslo e London: Oslo University Press, 1957) de Frede Castberg, em que o jurista de Praga utiliza a expressão "norma individual" (*individuelle Norm*) seria preferível simplesmente **norma** e onde ele usa a expressão "norma geral" (*generelle Norm*) seria preferível denominar **disposição jurídica**. Nesse capítulo, há momentos, quando se analisam mais detidamente as considerações de Kelsen acerca dessa temática específica, em que se empregará a nomenclatura que ele adota. Só o

representam a possibilidade de atribuir uma ação a alguém (encarado como desencadeador do acontecido), responsabilizando-o. O agente não é obrigado a se portar de determinada maneira, porém ele é o responsável pela sua conduta, isto é, ele assume a probabilidade dos possíveis efeitos do próprio comportamento, incluindo os efeitos jurídicos quando esses possuírem pertinência para o direito.

O dispositivo jurídico serve de precaução para se conduzir em sociedade. Dito de outro modo, ele possui natureza prescritiva[228] (recomendação antecipada). Não obriga, mas imputa responsabilidade. Preceitua (aconselha previamente) como se deve proceder (constitui parâmetro tanto para a ação em si, quanto de instrumental para sua avaliação), formulando o que deve ser feito em uma determinada situação e indicando a maneira de se conduzir e de analisar (julgar) a conduta. Antecipadamente, fornece-se às pessoas, para que tenham a probabilidade de serem imputadas e responsabilizadas, propostas de ações reputadas adequadas na convivência coletiva e, a partir dessa sugestão de como se comportar, os indivíduos deliberarão sobre seu agir.

Ninguém é juridicamente obrigado a nada antes do

---

resultado da decisão é norma jurídica (é realização plena do direito em uma situação concreta) e, portanto, pode **obrigar** alguém a algo (**vincular diretamente** o indivíduo).
228 Entendida no sentido literal de "escrita antes".

trânsito em julgado da sentença. Só se pode obrigar alguém juridicamente, após uma decisão judicial irrecorrível. Homicidas confessos podem ser absolvidos. Devedores assumidos podem ser juridicamente desobrigados de arcarem com a dívida. Locatários inadimplentes só serão juridicamente obrigados a pagarem os aluguéis vencidos aos locadores se estes lhe moverem uma ação de cobrança e se os indivíduos que exercem a função judicante proverem os pedidos e quando tais decisões alcançarem definitividade. Caso contrário, na eventualidade do locador nunca pleitear o recebimento do crédito, o locatário poderá permanecer em débito sem maiores problemas (juridicamente analisando). Antes da decisão, o locatário pode se considerar moralmente obrigado, costumeiramente obrigado, religiosamente obrigado, etc. Na seara jurídica, porém, ele somente está regido por disposições imputando-lhe e responsabilizando-lhe.

Aquele que pretende receber a dívida poderá levar sua pretensão ao exame do judiciário, pugnando, assim, o estabelecimento da obrigação de alguém pagá-la e, neste caso, não se tratará de uma mera declaração, mas da constituição do direito, uma vez que não há direito antes da emanação da decisão jurídica. Para que alguém seja juridicamente obrigado a algo, é mister haver sentença terminativa nesse sentido. A obrigação, assim como o direito, não existe *a priori*.

5.5. Normas e proposições jurídicas.

Múltiplos equívocos na teoria jurídica emergem da confusão entre direito e aquilo que se costuma denominar de "estrutura da ordem jurídica". Acredita-se, erroneamente, que o direito é um conjunto de "normas", competindo ao julgador interpretá-"las", como se houvesse "norma" anterior ao processo hermenêutico, quando, em absoluto, "não existem normas antes da interpretação", uma vez que "normas são o fruto de decisões interpretativas, sendo, portanto, variáveis dependentes da interpretação", isto é, ela "é um enunciado que constitui o produto, o resultado da interpretação".[229] Antes da interpretação, o que se verifica são proposições jurídicas disponíveis como material para a elaboração da norma para o caso em conclusão judicial, isto é, "as proposições jurídicas são as pedras de construção de que se compõe o maravilhoso edifício de normas de direito".[230]

O que a maioria dos doutrinadores designa por normas jurídicas (*Rechtsnormen*) configuram, na realidade, disposições jurídicas, dito de outro modo, não constituem totalidades fechadas (*geschlossene Ganze*), mas especificadamente um

---

[229] Guastini, R. *Dalle fonti alle norme*, pp. 76, 211, 212, 18 e 19.
[230] Eltzbacher, Paul. *Die Handlungsfähigkeit nach deutschen bürgerlichen Recht*. Berlin: Vahlen, 1903, pp. 43 e ss.

emaranhado de "proposições jurídicas, isto é, em parágrafos e artigos, e, consequentemente, nos incisos e alíneas em que se dividem".[231]

É preciso estabelecer a distinção entre normas e proposições jurídicas. Há quem sustente que os enganos na diferenciação entre norma e proposição jurídica resultam da confusão entre objeto e significação.[232] O objeto de um ato é algo diverso da significação em que aquele é tomado, embora exista a possibilidade de equivalência nas significações. A compreensão da significação não é ainda a do objeto, mas só a de uma faceta deste.

As significações independentes, em linhas gerais, são aquelas possuidoras de um sentido por si mesmas; as dependentes, todavia, requerem uma complementação. As leis da autonomia das significações e dos objetos não coincidem. As significações destituídas de delimitações não são sempre expressões de objetos independentes e vice-versa.

O ato jurídico significa uma tomada de posição. Os atos jurídicos são atos de juízo. O direito é o julgado. Logo, a norma

---

[231] Eltzbacher, P. *Die Handlungsfähigkeit nach deutschem bürgerlichen Recht*, pp. 43 e ss.
[232] Doravante, segue exposição e análise de algumas noções desenvolvidas por Fritz Schreier no capítulo VI (B), da primeira parte (*I. Teil*), de sua obra: *Grundbegriffe und Grundformen des Rechts*; Entwurf einer phänomenologisch begründeten formalen Rechts und Staatslehre. Leipzig und Wien: Franz Deuticke, 1924, pp. 39 a 43.

jurídica é um objeto independente, ou seja, é resultado de uma complementação. A estruturação do direito compõe-se pela imposição da obrigação de decidir e por variáveis. Os ditames são incertos e podem ser mudados: os fatos jamais são os mesmos, e os julgadores e os indivíduos envolvidos no processo são os mais diversos possíveis.

Não raro o termo "proposição jurídica" é empregado de modo impreciso, abarcando não só o objeto – a norma jurídica – mas também a significação em que aquela é tomada, ou seja, a proposição jurídica em sentido estrito. E só o último sentido é relevante para a definição de proposição jurídica que é, portanto, "a expressão independente e plena de uma (possível e futura) norma de direito".[233]

A proposição jurídica é autônoma e sua significação prescinde de complementação quando, para entendê-la, não são necessários mais que os elementos nela contidos. É, ademais, plena: expressa o objeto independente, ou seja, a norma jurídica, com o correspondente a sua essência.[234] As dificuldades se esvaem, quando se põe claramente que as normas de direito são objetos do ato jurídico (ato de juízo) e as proposições jurídicas, as significações em que aquelas são apreendidas.

É errôneo identificar a norma jurídica com uma forma

---

233 Schreier, F. *Grundbegriffe und Grundformen des Rechts*, p. 40.
234 Schreier, F. *Grundbegriffe und Grundformen des Rechts*, pp. 40 e 41.

gramatical qualquer.²³⁵ A norma²³⁶ como tal não se encontra ligada a uma especial expressão linguística; donde, quando é formulada mediante palavras, pode aparecer tanto em imperativo quanto em infinitivo; como expressão de um dever ou como expressão de um juízo hipotético, mas, independentemente de como venha expressada, ela é o resultado de um julgamento.

As proposições²³⁷ são juízos hipotéticos os quais afirmam que – segundo um ordenamento jurídico nacional ou internacional, dado ao conhecimento jurídico – uma vez verificadas certas condições fixadas por esse ordenamento, certas consequências previstas pelo mesmo ordenamento jurídico ocorrerão. As normas jurídicas não são juízos, isto é, afirmações sobre um dado objeto a ser conhecido. Essas, segundo seu sentido, são prescrições – ou seja, ordens, imperativos. Contudo, não são apenas ordens, pois também são permissões e atribuições de poder ou competência. De todo modo, não são mais proposições didáticas, como por vezes se afirma ao identificar-se o direito como ciência jurídica.

---

235 Na seqüência, examinar-se-á o que Hans Kelsen entende por proposição jurídica (*Rechtssatz*) e norma jurídica (*Rechtsnorm*). Segundo Kelsen, a ciência jurídica descreve seu objeto por meio de proposições jurídicas.
236 Kelsen, H. *Hauptprobleme der Staatsrechtslehre*, p. 70.
237 Kelsen, H. *Reine Rechtslehre*. 2. Auflage. Wien: Franz Deuticke, 1960, p. 73.

A norma geral conforme a qual o furto deve ser punido é frequentemente formulada pelo legislador na seguinte proposição: o furto é punido com pena de prisão.[238] Ou seja, "o furto deve ser punido com pena de prisão" não é norma e sim proposição. Logo, o artigo 155 do Código Penal Brasileiro, em que se dispõe: "Subtrair, para si ou para outrem, coisa alheia móvel: Pena - reclusão, de um a quatro anos, e multa", não é norma, senão proposição.[239] Competirá ao julgador **verificar**, nos casos sob sua análise, a ocorrência *in concreto* dos pressupostos de uma consequência do ilícito determinados *in abstracto* por uma norma geral. Esta determinação da *fattispecie* que condiciona as consequências do ilícito implica a determinação de uma norma geral aplicável, isto é, a **averiguação** de que está em vigor uma norma geral que liga uma sanção ao fato (ou situação de fato) em apreço. O julgador deverá, na operação de individualização normativa, responder

---

[238] Kelsen, H. *Reine Rechtslehre*. 2. Auflage. Wien: Franz Deuticke, 1960, p. 74.
[239] Na *Reine Rechtslehre* de Hans Kelsen não existe uma nítida distinção entre proposição jurídica (*Rechtssatz*) e norma geral (*generelle Norm*). Uma leitura minuciosa desta obra não deixa dúvidas a esse respeito. Basta continuar no mesmo exemplo, ou seja, "o furto deve ser punido com a pena de prisão", trata-se, na *Reine Rechtslehre*, de uma proposição formulada pelo legislador (que ele também denomina de norma geral *in abstracto*) e na sua aplicação haverá, ao mesmo tempo, produção de direito, isto é, será criada (ou não) a norma individual segundo a qual determinado furto (*in concreto*) deve ser punido (ilícito determinado *in abstracto* por uma norma geral).

não só a *quaestio facti* como também à *quaestio juris*. Porém, não se trata somente de verificação e averiguação, pois "a aplicação do direito é simultaneamente produção de direito".[240]

A estruturação do direito engendra-se por intermédio de proposições jurídicas. Elas são, em linhas gerais, de quatro tipos, proposições legais, proposições consuetudinárias, proposições doutrinárias e proposições jurisprudenciais, e constituem o substrato (alguns preferem as expressões "fonte" ou "texto normativo") do direito a ser construído.

Não é correto distinguir entre atos de criação e "aplicação" do direito. Na realidade, não ocorre aplicação do direito, mas conformação ou não de preceitos jurídicos aos relatos fáticos levados a apreciação jurisdicional para a obtenção do direito na questão singular. A designada "aplicação" nada mais é do que encerramento do processo de produção do direito. Sua construção envolve uma maranha de variáveis (relatos fáticos, instauração de um procedimento em contraditório, interpretação dessa situação à luz do repertório disponibilizado pelos preceitos jurídicos, verificação dos relatos fáticos e da sua adequação ou não aos dispositivos jurídicos, entre outras) e a necessária decisão jurídica. Ele não existe, portanto, em sua plenitude anterior à sentença judicial. O que se tem antes não é direito, mas meras proposições que precisam da

---

240 Kelsen, Hans. *Reine Rechtslehre*, p. 240.

decisão para findar o processo de sua criação.²⁴¹ Não bastasse, a judicatura poderá inovar completamente e contrariar uma proposição legislativa quando do julgamento da espécie.

Os atos jurídicos são juízos volitivos, isto é, devem determinar se determinada proposição jurídica é ou não aplicável à *quaestio facti* (se pode corroborar na formação da norma *in casu*) ou se será preciso criar norma totalmente nova para a composição do litígio. A norma é pós-existente, ou seja, é produto do processo judicante.

O realizar do direito encontra-se assegurado no ineludível exercício da judicatura, isto é, a sua produção será inevitavelmente terminada, pois ele é produto (resultado) da decisão judicial. Sabe-se, portanto, que os casos levados à apreciação judicial terminarão com a emanação de uma sentença que constituirá terminantemente o direito.

Muitos se recusam a compreender que, se o designado para o ofício da magistratura não decidir conforme a proposição jurídica ou mesmo contrariar algum dispositivo legal, sua

---

241 "Hoje sabemos que a maior parte das leis experimentam a sua derradeira conformação e, por conseguinte, a sua aplicabilidade sobre os diversos casos; apenas mediante sua concretização no processo contínuo da atividade judicante e que muitas proposições jurídicas encontram acesso ao direito vigente por meio da judicatura. A operação de descobrir o direito (de encontrar (determinar) o direito do caso singular) não se esgota em todo caso na aplicação da lei." Larenz, Karl. *Methodenlehre der Rechtswissenschaft*. 5. Auflage. Berlin und Heidelberg (New York und Tokyo): Springer, 1983, p. 7.

decisão será jurídica e constituirá direito, pois "o fato que a lei implica logicamente certa decisão jurisdicional não comporta que esta decisão seja efetivamente tomada pelo juiz: o juiz poderia muito bem não aplicar a lei e decidir diversamente".[242] Aquele a quem compete a tarefa de decidir as demandas judiciárias não deixa de exercê-la quando decide sem se basear em disposição jurídica ou mesmo contrariando-a (*contra legem*)[243], ele continua sendo juiz e sua decisão é jurídica, ele só deixaria de realizar direito e, consequentemente, deixaria de ser juiz, caso se eximisse da obrigação de decidir. Na medida em que um caso é levado à apreciação do magistrado, ele o aprecia e, em seguida, emite uma decisão, estar-se-á aí diante do direito. Essa decisão constitui norma, ela não é mais uma proposição em relação a qual o sujeito pode aceitar agir conforme está sendo proposto

---

242 Guastini, R. *Dalle fonti alle norme*, p. 64.
243 "... El proceso [judicial] se desenvuelve como un duelo sin sentido, como un gasto social y un fraude personal absolutamente convencionales; los abogados aparecen como profesionales egoístas, mitad ignorantes mitad tramposos [...]; los profesores actúan como embaucadores y falsos profetas; *y, en fin, la sentencia termina siendo una burla resultado del azar o del capricho del juez*" (Nieto, Alejandro. *El Derecho y el revés*. Editorial Ariel, Barcelona 1998, pp. 40-41, grifou-se). Quanto ao processo decisório que se passa no íntimo do juiz, muitos são os que afirmam que a decisão é decorrência direta de um esforço intelectual do magistrado no sentido de subsumir determinado suporte fático a determinada norma. Mais e mais se tem deixado esta visão utópica de lado. "*la decisión judicial es el resultado de un proceso inverso al expuesto arriba. El juez empieza con una conclusión previamente adoptada (deseada) y posteriormente busca, valiéndose de cualquier artilugio lingüístico o triquiñuela semántica, la justificación adecuada en las distintas normas del ordenamiento jurídico. Lo que el operador del Derecho hace es justificar sus fallos de acuerdo con sus gustos y preferencias morales, políticas, religiosas o económicas*".Idem, p. 8.

ou se recusar: na medida em que há uma norma (fruto da decisão) ele terá de obedecê-la, pois, do contrário, deverá sofrer as consequências (sanção). Logo, a norma não é anterior à sentença, e sim resultado da decisão.

Não é compreensível a relutância em se entender, de uma vez por todas, que uma decisão que condena um inocente à pena de morte é jurídica e, uma vez executada, não terá mais volta. Poder-se-á lamentar. Eventualmente sustentar o quão ela é repudiável. Porém tal decisão constituirá direito e, portanto, foi executada e, uma vez executada, não há possibilidade de reversão. Notoriamente, o juiz está sujeito à circunstância de condenar um inocente à morte. A sua decisão, no entanto, por mais deplorável que seja, não deixa de ser direito e executável pelo fato de ter condenado um inocente. O inocente foi morto, assim como o culpado. Ambas as mortes são resultado de um processo decisório. As decisões que os condenaram à pena capital em nada diferem do ponto de vista estritamente jurídico. E este estudo pretende analisar o direito sob a perspectiva jurídica, ou seja, tal qual ele se dá na prática cotidiana e não como seria desejável que ele se desse. Esse trabalho não volve seus olhos para um direito ideal, em que os equívocos judiciais não ocorreriam, pois tal situação é inexistente e não se pode estudar o que não existe. É louvável que haja teorias intentando sugerir como o direito deveria ser e desejando explicar como seria um direito ideal, um direito que teria a pretensão de agradar a todos, contudo não se pode deixar de encarar **a realidade jurídica tal qual ela é.**

Disposição e o fato não são necessariamente conexos, pois, na realidade, o relato fático é que constitui o objeto do julgado. Não há incidência automática disposição/fato. Efetivamente, nem mesmo disposição legal o investido no ofício de decidir as demandas pode contrariar, na medida em que não se sabe previamente qual disposição seria aplicável à *quaestio facti*, uma vez que a edificação do direito da situação singular liga-se ao processo interpretativo e resulta da atividade judicante, isto é, da tomada de decisão.

O direito é intrinsecamente humano. Os homens, emocionalmente propensos ao misticismo, são enganados pela linguagem. Os comandos – geralmente expressos em imperativos, embora não sejam mais que meras disposições normativas – são encarados como ordens a dirigi-los e as condutas, por eles prescritas, como um "dever ser praticado". São simples fantasias! Imaginações! Essas proposições, não obstante imputarem e responsabilizarem em alguma medida, não passam de conexões de palavras em si destituídas de sentidos. Costumeiramente denominadas "normas", são de fato estatuições sem significação na realidade, passando a existir se e na medida em que indivíduos legitimados a utilizá-las em determinadas circunstâncias resolvem fazer uso delas.

6. INTERPRETAÇÃO.

A vida é permeada por processos interpretativos. Em uma aula, por exemplo, a exposição do professor pode não ser, de pronto, compreendida pelos estudantes. Incitado por um aluno, ele pode ser levado a realizar nova explicação e, então, tornar o que pretendia ensinar inteligível.

A convivência social mostra-se como processo hermenêutico constante. Os homens se comunicam uns com os outros, buscando, permanentemente, compreender e ser compreendidos.

No âmbito do direito não é diferente. Afinal, o que fazem os juristas? Lidam com controvérsias e disposições normativas, interpretam, decidem. O julgador interpreta relatos e argumentos, balizado, muitas vezes, por dispositivos jurídicos[244], objetivando resolver a demanda. Sua interpretação não equivale à tentativa de repercutir o que o legislador queria dizer, tampouco a explicar a vontade da lei. Pelo contrário. Ao ter a seu dispor disposições normativas, complementando-as, inovando-as ou, ainda, contrariando-as e considerando os relatos e os argumentos ante seu juízo, ele faz com que o direito se expresse como resultante hermenêutica.

---

[244] "É hoje um postulado quase universal da ciência jurídica a tese de que não há norma sem interpretação". Ferraz Jr., Tercio Sampaio. *A ciência do direito*. 2ª edição. São Paulo: Atlas, 1980. p. 68.

A hermenêutica[245] é possível, mas o que realmente importa é saber **como** ela é possível. Importa entender as condições de possibilidade da própria hermenêutica. Decisões precisam ser (e são) tomadas, mesmo não havendo um **método objetivo** e **racional** para determiná-las.

Os juristas realizam interpretações jurídicas e têm consciência de que sabem fazê-las. Ao interpretarem juridicamente, eles devem proceder com rigor e especialização, diferindo sua interpretação daquela do leigo.

O jurista, quando interpreta algum problema jurídico, sugerindo uma determinada posição como a mais apropriada para resolvê-lo, age na condição de habilitado para tal (a realiza na qualidade de especialista). O doutrinador sente-se capacitado a dizer que determinada interpretação deve preponderar, porque possui o domínio da engrenagem jurídica, ou seja, ele sabe operacionalizar o direito por deter o conhecimento do aparato jurídico-funcional e, portanto, sabe interpretar as situações singulares e tem consciência de que sabe interpretá-las, por isso as interpreta. A interpretação doutrinária, entretanto, não é institucionalizada e, desse modo, carece de eficácia vinculante.

A missão da hermenêutica jurídica é apresentar soluções para os casos juridicamente tutelados. Ela objetiva a resolução

---

245 O termo "hermenêutica" deriva do grego ἑρμηνεύω, significando interpretação. Especulam ser a sua origem relacionada a Hermes (Ερμης), o deus portador da mensagem divina, isto, é o mensageiro de Zeus.

dos litígios, diferenciando-se de outros tipos de interpretações em razão dessa destinação prática[246] e pelo seu caráter institucional.[247] Embora não seja vedado à população em geral – bem como aos doutrinadores – interpretar o direito, a única interpretação que pode ser considerada jurídica é a denominada **interpretação autêntica**[248], isto é, aquela realizada pelos órgãos institucionalmente autorizados para tanto.

Os teóricos do direito e as pessoas podem interpretar problemas relacionáveis ao direito de múltiplas maneiras, porém a interpretação resultante desta hermenêutica doutrinária e popular não obriga ninguém a nada. Este é um papel reservado à interpretação jurisdicional (privativo dos decididores autênticos). O direito conta com uma instância sobreposta aos dissídios entre os indivíduos e entre os doutrinadores decidindo-os e efetivamente vinculando-os.[249]

O problema não é a falta de hierarquia entre os cânones interpretativos[250], senão a sua indeterminação objetiva ou

---

246 Alexy, R. Juristische Interpretation. In.: Alexy, R. *Recht, Vernunft, Diskurs*. Studien zur Rechtsphilosophie, p. 79.
247 Alexy, R. Juristische Interpretation. In.: Alexy, R. *Recht, Vernunft, Diskurs*. Studien zur Rechtsphilosophie, p. 73.
248 Kelsen, Hans. *Reine Rechtslehre*. 2. Auflage. Wien: Franz Deuticke, 1960, pp. 346 e ss.
249 Alexy, R. Juristische Interpretation. In.: Alexy, R. *Recht, Vernunft, Diskurs*. Studien zur Rechtsphilosophie, p. 74.
250 Em sentido oposto, Alexy, Robert. *Theorie der Argumentation*; die Theorie des rationalen Diskurses als Theorie der juristchen Begründung. 2. Aufl.. Frankfurt am Main: Shurkamp, 1991, p. 19.

mesmo a sua inexistência. Cada intérprete, em razão de não existir claramente uma regra de como se deva interpretar, tem distintas concepções sobre qual deverá ser a decisão tomada. Além disso, o mesmo intérprete pode mudar sua interpretação em relação a um entendimento ou mudar sua interpretação sobre dada situação no curso de um mesmo processo.

Se isso não fosse possível, como explicar que os ministros do STJ, após anos de reiteração jurisprudencial, simplesmente "optaram" por alterar o seu posicionamento acerca dos feriados forenses?[251] "O egrégio Supremo Tribunal Federal[252] modificou sua jurisprudência para permitir a posterior comprovação da tempestividade do recurso extraordinário, quando reconhecida a extemporaneidade em decorrência de feriado local ou suspensão do expediente forense do Tribunal de origem". Após mencionar que a referida decisão não possuía caráter vinculante, mas que o STJ deveria segui-la, o relator ressaltou que uma vez interposto o agravo nos próprios autos

---

[251] STJ altera entendimento sobre prazo de recurso. Valor Econômico, 20/09/2012. Disponível em http://www.valor.com.br/brasil/2836598/stj-altera-entendimento-sobre-prazo-de-recurso#ixzz27177eUzW, último acesso em 30.05.2013. AgRg no Agravo em Recurso Especial nº 137.141 - SE (2012/0012642-0). Disponível na íntegra em: https://ww2.stj.jus.br/revistaeletronica/Abre_Documento.asp?sLink=ATC&sSeq=24610051&sReg=201200126420&sData=20121015&sTipo=91&formato=PDF..
[252] Por ocasião do julgamento do Ag.Reg. no RE n. 626.358/MG, Relator Ministro Cezar Peluso, Tribunal Pleno, ocorrido em 22/3/2012 e publicado em 23/8/2012

(e-STJ fls. 123/130), ele tinha negado, monocraticamente, "a irresignação, em virtude da não comprovação de tempestividade do recurso especial. Isso porque o recurso foi interposto além dos 15 (quinze) dias previstos na legislação, sem comprovação da suspensão do prazo (e-STJ fls. 149/150)". Observou que seguiu, com firmeza, a então jurisprudência do STJ. Porém, quando o agravo regimental foi julgado, a Quarta Turma acolheu proposta de afetação do recurso à Corte Especial, "considerando (i) a recente mudança da jurisprudência do egrégio Supremo Tribunal Federal quanto ao assunto e (ii) a existência, a propósito, de decisões divergentes no âmbito" das turmas do STJ.

Ou que, no curso de um processo, a mesma corte tenha simplesmente decidido por levar em conta outro prazo prescricional para a devolução de tributos? "Sendo assim, a jurisprudência deste STJ passou a considerar que, relativamente aos pagamentos efetuados a partir de 09.06.05, o prazo para a repetição do indébito é de cinco anos a contar da data do pagamento; e relativamente aos pagamentos anteriores, a prescrição obedece ao regime previsto no sistema anterior." "No entanto, o mesmo tema recebeu julgamento pelo STF no RE n. 566.621/RS, Plenário, Rel. Min. Ellen Gracie, julgado em 04.08.2011, onde foi fixado marco para a aplicação do regime novo de prazo prescricional levando-se em consideração a data do ajuizamento da ação (e não mais a data do pagamento) em confronto com a data da vigência da lei nova (9.6.2005). 3. Tendo a jurisprudência deste STJ sido construída em interpretação de princípios constitucionais, urge inclinar-se esta Casa ao decidido pela Corte Suprema competente para dar a palavra final em temas de tal jaez, notadamente em havendo julgamento de mérito em repercussão geral (arts. 543-A e 543-B, do CPC). Desse modo, para as ações ajuizadas a partir de 9.6.2005, aplica-se o art. 3º, da Lei Complementar n. 118/2005, contando-se o prazo prescricional dos tributos sujeitos a lançamento por homologação em cinco anos a partir do pagamento antecipado de que trata o art. 150, §1º, do CTN ".[253]

E ainda que um juiz, no curto período entre o primeiro e o segundo turno de uma eleição, tenha discordado "da decisão monocrática que ele próprio assinou (...)"?[254]

A existência de caminhos interpretativos diferentes pode levar a outros graus de divergência na tomada de decisões. A amplitude de possibilidades hermenêuticas pode conduzir a

---

[253] Conjur, 19/06/2012, http://www.conjur.com.br/2012-jun-19/stj-muda-entendimento-prescricao-acao-devolucao-tributos, último acesso em 05/05/2013. Íntegra do acórdão do REsp nº 1.269.570 – MG disponível em:
https://ww2.stj.jus.br/revistaeletronica/Abre_Documento.asp?sLink=ATC&sSeq=23441019&sReg=201101256443&sData=20120917&sTipo=91&formato=PDF
[254] Disponível em http://angelorigon.com.br/2012/10/30/ministro-muda-o-entendimento-sobre-reeleicao/, último acesso em 30.05.2013.

situações curiosas. A ocorrência de empate num julgamento proferido em sede de segundo grau exemplifica essa situação. Além da reflexão sobre o mérito da causa, deve-se ainda solucionar questões procedimentais para as quais, muitas vezes, não há orientação legislativa, jurisprudencial ou doutrinária.

O processo do "mensalão", escândalo que ficou conhecido pela articulação de venda de votos entre congressistas, divulgado no ano de 2005, foi afetado por vários embates interruptivos, a respeito de como a corte deveria se conduzir diante de uma situação inusitada.

O caso de empate entre os votos dos julgadores sobre a condenação ou absolvição de um dos acusados originou duas correntes compreensivas sobre o procedimento a ser adotado.

O ministro Marco Aurélio, ao não admitir a existência de um empate na decisão, acredita que a responsabilidade final de juízo cabe ao presidente do STF; o seu voto deveria então ser contabilizado em dobro (voto duplo). Noutra perspectiva, o revisor da ação, o ministro Lewandowski, crê que o empate tenha de ser resolvido sob a ótica do "princípio universal" de que, na dúvida, o réu deve ser beneficiado (*in dubio pro reo*).

A ideia justifica-se pelo fato de o empate significar a nítida existência de uma dúvida a respeito da inocência ou culpa do réu, e essa ausência de certeza deveria levar a um veredicto favorável, princípio consagrado universalmente e, nas palavras de Lewandowski, *"acima do direito positivado dos Estados"*.

Outra comum ocorrência inerente à mutabilidade jurídica – que, talvez, chegue a beirar a incongruência – é, como foi visto alguns parágrafos acima, o proferimento de decisões conflitantes para casos similares. Quando são levados a juízo casos de solução complexa e de pouca visibilidade acerca do conjunto probatório, a resolução do litígio pode concluir-se de modo inesperado e gerar precedentes com pouca probabilidade de utilização em outro caso.

Uma condenação cujo fundamento não se relacione a provas diretas, por ser bastante singular ao caso em questão, pode não ser hábil a fundamentar uma futura decisão nos mesmos moldes, como ocorreu no proferimento do voto do ministro Dias Toffoli em duas ações – distintas, porém semelhantes.

O ministro condenou o ex-deputado federal Asdrúbal Mendes Bentes pelo crime de esterilização irregular e estelionato. Não havia provas que relacionassem diretamente o político com os ilícitos de que fora acusado. A condenação baseou-se somente em evidências indiretas e na distorção da Teoria do Domínio do Fato, que considera autor de um crime não apenas quem efetivamente o executa, como também aquele que tem o poder de ordenar a sua realização e/ou desenvolver o planejamento necessário à sua efetivação. Ou seja, a autoria do crime está diretamente relacionada a quem, de fato, tem o "domínio" do desenrolar do crime – quem, de fato, pode controlar o seu sucesso ou fracasso. O STF, assim, considerou o político culpado baseado somente na sua posição de comando, sem levar em conta evidências fáticas que corroborassem essa suposição. No voto do ministro Toffoli isso fica evidenciado nos seguintes trechos: "(...) feito precisamente pela agremiação política **por ele instituída e mantida**", "não se pode admitir que o denunciado desconhecesse tal realidade", "Inegável, na hipótese em exame, que o réu, ainda que não praticando nenhum elemento do tipo penal (...) teve efetiva participação no cometimento dessas infrações, cujo mote principal era a captação ilícita de votos em seu favor, de sorte que responderá igualmente (...) pela prática desses delitos", "Irrelevante, ainda, para o reconhecimento do crime em apreço, que não haja o concurso direto de todos os integrantes do bando na prática de toddas as infrações, bastando que o fim almejado seja o cometimento de crimes pelo grupo". Conforme trecho do julgamento que condenou Asdrúbal Bentes, "*O delito de corrupção via de regra permite que seus autores, mercê da falta de suficiente lastro probatório, escapem pelos desvãos, em manifesta apologia ao fantasma da impunidade, e com sério e grave comprometimento do processo eleitoral. Bem por isso, vem se entendendo que indícios e presunções, analisados à luz do princípio do livre convencimento, quando fortes, seguros, indutivos e não* *contrariados por contra indícios ou por prova direta, podem autorizar o juízo de culpa do agente"*.[255] Ou seja, a condenação teve por base apenas indícios e presunções a respeito das possíveis vantagens para o acusado.

Os mesmos aspectos que foram levantados em 2011 para justificar o voto condenatório do político Asdrúbal Bentes pelo ministro Dias Toffoli, porém, não foram suficientes para que o ministro votasse pela condenação, no caso do mensalão, de seu ex-chefe na Casa Civil, José Dirceu, de quem foi assessor.

"Divorciado" de sua tese anterior, Dias Toffoli afirmou que o cargo ocupado por Dirceu, sem que se demonstrem as supostas vantagens que teria recebido com o crime, não configura motivo suficiente para condená-lo. Sua acusação baseou-se integralmente no depoimento de Roberto Jefferson, delator do esquema do mensalão e nele também envolvido. "A simples condição de chefe da Casa Civil, sem a demonstração de que tenha o réu oferecido ou prometido qualquer vantagem (...) não conduz automaticamente à tipificação do ilícito".

Ora, lá se esqueceu o *in dubio pro reo*. Aqui, é este o argumento utilizado. Num, depoimentos, indícios e ilações foram tidos como suficientes. Noutro, atestou-se a importância das provas e a contradição de interesses entre as testemunhas e suas acusações. Se o juiz seguisse apenas o disposto nas

---

255 STF, AP 481 – Pará.

disposições normativas, como seria possível duas posições diametralmente opostas ao se interpretar relatos e argumentos tão assemelhados?

O julgador interpreta relatos e argumentos. Não se comporta como mero "aplicador" de enunciados normativos. Ao decidir as demandas, não segue cânones interpretativos, mas decide conforme sua vontade. A suposta motivação para a decisão tomada não corresponderá necessariamente aos motivos. Por conseguinte, não existe efetivo controle do processo interpretativo, mediante recurso a parâmetros hermenêuticos, senão um monitoramento ilusório, à esteira das míticas "segurança" e "certeza" jurídicas.

A experiência jurídica lida com valorações. Inferir, entretanto, que, na medida em que são necessárias, retiram a liberdade de convicções morais dos investidos na atividade judicante é, aparentemente, equivocado[256]. Não parece plausível "objetivar" estas valorações.[257] Quem decide **pode** (quem sabe

---

256 *Idem,* pp. 26 e 27.
257 "o juiz toma sua decisão em parte guiado por uma intuição emocional e em parte com base em considerações e propósitos práticos. Uma vez estabelecida a conclusão, o juiz encontra uma adequada argumentação ideológica jurídica que justifique sua decisão. Usualmente isto não seria difícil para ele. A variedade de regras, a incerteza de sua interpretação e a possibilidade de elaborar construções diversas sobre matérias em debate geralmente permitirão que o juiz encontre uma roupagem jurídica plausível com que revestir sua decisão. A argumentação jurídica encerrada nos considerandos do silogismo não passa de uma fachada que visa a dar suporte à crença na objetividade da decisão." Ross, Alf Niels Christian. *Om*

deve, mas jamais **tem** de, é obrigado a) ajustar-se aos "valores da coletividade ou de círculos determinados".

Os encarregados da função de julgar talvez não devessem ser (mas podem e, não raro, efetivamente são) indiferentes às convicções populares. Por outro lado, a própria noção de convicções populares parece questionável, pois não há um instrumento de medida que precise qual o que seria convicção popular, senso comum, vontade da maioria, opinião pública e similares.

Não existe uma ordem valorativa objetiva (que exista independentemente do direito), tampouco enunciados jusnaturalistas objetivamente reconhecíveis. Nesse sentido, aqueles que alegam que as leis pré-existem à existência humana, que é possível encontrar tudo o que pertence à norma pela sua simples análise e que esta análise ainda é aplicável às leis "pré-existentes" são, no mínimo, inocentes demais.258

As formas e as regras segundo as quais os pontos de

---

ret og retfærdighed. København: Nyt Nordisk Forlag Arnold Busck, 1953. Citado da tradução para o português de Edson Bini. Direito e Justiça. Bauru: Edipro, 2003, p. 69.
258 "Investigations that simultaneously claim (i) that the law exists out there in the world, independently of our inquiry, (ii) that we can find out what belongs to the law by analyzing its concept, and (iii) that our abstract conceptual analyses still apply to the law out there have turned to be at best epistemologically naïve and at worst metaphysic.". Kletzer, Christoph, Towards an Inferential Semantics in Jurisprudence (February, 18 2009). *Law and Philosophy*, Michael Freeman, ed., Oxford: OUP, 2007. Disponível em SSRN: http://ssrn.com/abstract=1345822, acesso em 05.05.2013.

vista valorativos podem e devem entrar na fundamentação de uma decisão não são determináveis objetivamente, nem podem ser determinados de antemão. A convivência humana apresenta-se complexa e é difícil considerar a existência de convicções e consensos coletivos. Ainda que isso fosse possível, tais entendimentos não seriam inalteráveis, pois a mutabilidade se apresenta como uma constância social. Assim, a inconstância das leis, que sofrem alterações sucessivas ao longo dos anos, decorre da dinâmica social e, consequentemente, da dinâmica jurídica.

Interpretação no direito é, "radicalmente, fazer uma sentença, tomar uma decisão, resolver um caso. Não cabe buscar interpretação fora do que o juiz decide".[259] A interpretação vinculante depende, em última instância, da figura do julgador. A ele caberá o papel interpretativo essencial à realização jurídica.

A existência de parâmetros para a tomada de decisões jurídicas não impede que elas sejam tomadas sem os levar em conta, ou seja, nada obsta que a decisão resulte de uma

---

259 "El juez, como transformador de la información fáctica y normativa previas, es una caja negra; no sabemos qué ocurre dentro de ella, no nos interesan los procesos psicológicos e gnoseológicos que puedan explicar los sucesos dentro de esa caja negra, dentro de la cabeza del juez. Lo que importa es lo que el juez produce cuando firma su sentencia... los hechos no son otra cosa sino aquello que el juez declara al respecto, al resolver el caso". Vernengo, Roberto Jose. *La interpretación jurídica*. México: UNAM, 1977, p. 11.

construção jamais imaginada. O direito convive com os "ineditismos". Nada pode obrigar o juiz a seguir uma direção pré-existente e pré-determinada.

Relevante à interpretação, para a sua configuração como jurídica, é a autenticidade[260] da autoridade judicante. Uma decisão jurídica não depende do cumprimento de "pré-condições".[261] Ela não precisa ser baseada em fontes legais, tampouco respeitar modelos previamente estabelecidos para ser considerada jurídica. O único elemento essencial a essa categorização é que ela seja prolatada por alguém investido na qualidade de juiz e que gere efeitos por ter sido emanada desta autoridade.

A juridicidade de uma decisão decorre da legitimidade de quem decide a controvérsia judicial. Seria o que se costuma denominar de "interpretação-decisão"[262], isto é, a interpretação significa propor ou escolher significados para determinada expressão. A "interpretação decisão" é estipulação; "os juízes, possuindo a obrigação de decidir a controvérsia, não podem se

---

260 Na sequência, examinar-se-á a contribuição da *Reine Rechtslehre* de Hans Kelsen à hermenêutica jurídica, esplanada, sobretudo, no capítulo VIII da referida obra. Kelsen, Hans. *Reine Rechtslehre*. 2. Auflage. Wien: Franz Deuticke, 1960, pp. 346 a 354.
261 Em sentido contrário, Aarnio, Aulis. *Oikeussäännösten tulkinnasta; tutkimus lainopillisen perustelun rationaalisuudesta ja hyväksyttävyydestä*. Helsinki: Jurídica, 1982, pp. 28 e ss.
262 Guastini, Riccardo. *Teoria e dogmática delle fonti*. Milano: Giuffrè, 1998, pp. 7 e ss.

limitar a descrever os significados atuais ou possíveis dos enunciados legislativos, devendo escolher um significado determinado em detrimento de outros. O significado pode ser pacífico ou controverso, mas em ambos os casos este significado não pode ser simplesmente descrito; ele deve também ser decidido pelo juiz"[263]. Interpretar juridicamente é, portanto, decidir. O juiz decide quando seleciona uma alternativa dentre as existentes ou, inovando, traz nova possibilidade à estrutura decisória.

6.1. Decisão jurídica e ato de vontade.

Fruto do espírito humano, o direito apresenta-se dinâmico. Não se pode falar, assim, na existência de um método jurídico. Mesmo aqueles que insistem em uma rígida estrutura designada "conjunto de normas" devem reconhecer que essas são produtos de decisões, "provêm do nada e ao nada podem ser reenviadas. A força que as "produz", ou seja, as evoca ou refuta, constrói ou destrói, não é nada mais que a vontade dos homens".[264] Na realidade, "os seres humanos, para escapar à responsabilidade da decisão e à agonia da escolha, buscam ocultar a circunstância de que todas elas dependem", em última

---

263 Guastini, R. *Teoria e dogmática delle fonti*, p. 7.
264 Irti, N. Niilismo e método jurídico. *Revista Trimestral de Direito Civil*, p. 135.

análise, das atitudes humanas.265

O querer humano mostra-se constantemente mutável, estabelecendo, desestabelecendo e restabelecendo leis de acordo com os diferentes contextos sociais. A arbitrariedade parece condenável e merece ser denunciada e combatida. Não é por ser indesejável, porém, que se pode afirmar sua não-juridicidade. A não ocorrência de arbitrariedades seria socialmente apropriado e benfazejo, mas, nem por isso, elas deixam de acontecer.

Uma decisão arbitrária pode ser jurídica, ainda que condenável. Os juízes fazem parte da realidade jurídica e pretender negar a eles a sua condição judicante por serem arbitrários configura desconhecimento da existência das consequências – indeléveis – que advêm de sentenças judiciais.

A quantidade de condenações de inocentes é enorme. Mesmo assim elas são efetivamente executadas e o são por estarem acobertadas pelo manto da juridicidade. Não há notícias de carrascos que deixam de colocar fim à vida de um condenado à pena capital – embora ele seja inocente – por crerem que a decisão condenatória de tal indivíduo não constituiu direito. A fatal ocorrência de arbitrariedades no direito é imperativa.

É o caso, por exemplo, da sentença que condenou Cornelius Dupree a 75 anos de reclusão por estupro e assalto. As provas periciais foram inconclusivas. Uma das vítimas não

---

265 Ross, A. N. C. *Direito e Justiça*, p. 347.

reconheceu o agressor. Nenhuma das testemunhas identificou o réu como sendo o agressor. Mesmo assim, com base somente na identificação positiva da vítima do estupro – que inclusive se contradisse diversas vezes ao longo do processo – Cornelius foi condenado e passou 30 anos na cadeia, por um crime que não cometeu.[266]

Não há solução correta para uma demanda jurídica. Com base em qual instrumento de medida se pode afirmar a correção ou incorreção de uma decisão? Ou quem detém o poder de determinar se uma decisão jurídica está certa ou errada? A defesa da existência de única solução correta para os litígios não passa de um aforismo disparatado, pois parece clara a impossibilidade linguística, lógica e jurídica disso.[267]

Interpretação é "claramente (*kaikenkaikkiaan*) uma escolha (*valintaa*) entre (*välillä*) diversas (*eri*) opções (*vaihtoehtojen*)"[268.] As alternativas são múltiplas e indefinidas. Não se pode saber qual delas estaria de acordo ou não com o "direito". A qualidade de certa/errada da decisão jurídica – resultante da interpretação – não se mostra verificável, pois não há parâmetros de correspondência, não existe o direito

---

266 http://www.huffingtonpost.com/2011/01/04/cornelius-dupree-jr-prove_n_804010.html. Acesso em 31.05.2013.
267 Makkonen, Kaarle. *Zur Problematik der juristischen Entscheidung. Eine Struktur-analytische Studie*. Turku: Turun Yliopisto, 1965. pp. 214 e ss.
268 Aarnio, Aulis. *Laintulkinnan teoria; yleisen oikeustieteen oppikirja*. Helsinki: Wsoy, 1989, p. 242.

apriorístico com o qual ela deve ser contrastada.

A decisão jurídica não resulta **do** direito e sim resulta **no** direito. Ela não é resultado, mas resultante. O direito não é concreto, mas concretizável mediante a promulgação de uma sentença resolutiva, terminando-se, assim, o processo de construção do direito em cada caso.[269]

A insistência em se defender a ideia de critérios "apropriados" na hermenêutica jurídica precisa ser sepultada. Entender a interpretação como uma separação entre critérios objetivos válidos e inválidos é um erro de avaliação. Poder-se-ia sustentar, acertadamente, que a legislação, por exemplo, representa um desses critérios objetivos, porém persiste o problema de como esse parâmetro será avaliado quando da resolução da demanda.

A perspectiva de que se encontre a "decisão correta" para os casos submetidos à apreciação jurídica não passa de uma mera intenção, isto é, algo almejado, que deriva, sobretudo, da crença na concretização de uma aplicação "ideal" do direito.

A interpretação lida com um rol de possibilidades.[270] O

---

269 *"(...) from the insight that the concept of law cannot be determined analytically and independently from the legal process but that its content is given contour by the inferential roles it plays in the legal process, further, that law and its philosophic treatment mutually interpenetrate each other, that both are reflexive objects"*. Kletzer, Christoph, Towards an Inferential Semantics in Jurisprudence (February, 18 2009). *Law and Philosophy*, Michael Freeman, ed., Oxford: OUP, 2007. Disponível em SSRN: http://ssrn.com/abstract=1345822, acesso em 31.05.2013.

juiz deve escolher uma delas. Há parâmetros normativos para que ele possa se basear para tomar uma decisão, mas, "por meio da interpretação autêntica, interpretação de uma norma pelo órgão jurídico autorizado a aplicá-la, pode se realizar não apenas uma das possibilidades reveladas pela interpretação feita em âmbito teórico, mas também se pode produzir uma norma que se encontre completamente fora do marco que a norma aplicável representa. (...) É fato bem conhecido que, não raro, se cria novo direito por via de tal interpretação autêntica – especialmente pelos tribunais de última instância."[271]

Isso parece ser esquecido por parte importante da doutrina positivista[272], que deixa de lado o fato de o juiz

---

270 "Nessa pouco simples equação, a hipótese que se apresenta neste momento é: teorias profundas contribuem, *prima facie*, para a redução de clareza e previsibilidade e para o incremento da indefinição de competências e das chances de erro. Isso porque o aumento de ônus de justificação implica maior complexidade para o procedimento de tomada de decisões racionalmente aceitáveis, já que exige do aplicador do direito o desenvolvimento de diversas cadeias de argumentação, seja – dentro dos exemplos selecionados – para demonstrar coerência entre a decisão enunciada e o sistema jurídico, seja para harmonizar princípio em colisão de acordo com a proporcionalidade." Leal, Fernando A. R. Todos os casos jurídicos são difíceis? Sobre as relações entre efetividade, estabilidade e teorias da decisão constitucional. *RDE. Revista de Direito do Estado*, v. 16, 2010, p. 112.
271 Kelsen, H. *Reine Rechtslehre*, p. 352.
272 No direito, o interpretador interpreta relatos, considerando ou não dispositivos legais, para solucionar demandas. Interpretando-os, decide quem tem direito e quem não tem. Regras e propósitos subjacentes às limitações da linguagem reguladora estão à disposição dos interpretadores, para interpretarem os diversos relatos contidos nos autos processuais. Ver, em sentido contrário, o artigo de Shecaira, Fábio Perin. A quem cabe a

interpretar relatos provenientes de seres humanos (demandantes, testemunhas, peritos, advogados, entre outros) para chegar à sua decisão. No direito, o interpretador interpreta relatos, considerando ou não dispositivos legais. Isso significa que o juiz pode simplesmente **não aplicar** norma, regra ou princípio algum e mesmo assim chegar a uma sentença.

É o caso, por exemplo, do juiz que, em 22 de junho de 2011, cancelou uma união homoafetiva. Mesmo com a decisão do STF sobre a matéria declarando a constitucionalidade das uniões entre pessoas do mesmo sexo, o juiz Jeronymo Villas Boas alegou que foi "impedido por decisão superior", e que "Deus [o] incomodou, como que [lhe] impingiu a decidir". Esta decisão integra o mundo do direito e produz os correspondentes efeitos, muito embora muitos possam questioná-la. O ministro Marco Aurélio, referindo-se à decisão do juiz, aleou que ela **"certamente será derrubada** pelo Supremo Tribunal Federal, se o casal recorrer à Corte." Chega a ser difícil acreditar que um ministro do STF tenha coragem de afirmar, peremptoriamente, que uma decisão de primeiro grau **"certamente será derrubada** pelo Supremo Tribunal Federal, se o casal recorrer à Corte." O ministro poderia ter dito que a decisão do juiz Villas Boas **poderá** ser derrubada pelo STF, se o

---

escolha? Sobre a importância de distinguir os métodos alternativos de interpretação jurídica. Disponível em http://direitoestadosociedade.jur.puc-rio.br/media/1shecaira36.pdf.

casal recorrer à corte. No máximo, em exercício pleno de seu achismo, falar que ela, **provavelmente**, será derrubada. Porém, jamais "**certamente** derrubada". Quem afirmar isso inexoravelmente, correrá risco de errar. Tal previsão não passa de aposta. Pode até ser uma boa aposta, mas apenas uma aposta..273

Ou seja, a hermenêutica jurídica não consiste, em última análise, na pura exegese legislativa. Não se pode construir uma "teoria da interpretação" – se é que isso é possível – com base no estudo exaustivo dos textos legais.

Mesmo ante uma inabalável convicção sobre algo, a presença de outrem a contestá-la gera instabilidade. No momento em que um terceiro é chamado para escolher quem está com a razão, essa aflição aumenta. Não existe certeza anteposta à decisão judicial, tampouco convicção que resista incólume a qualquer processo decisório, nem coração que não bata mais forte momentos antes da emissão do juízo acerca do conflito.

A ocorrência de determinada circunstância não assegura que a decisão do julgador se dê em conformidade com o que efetivamente aconteceu. Muitos já foram condenados por supostos fatos de quais sequer tinham conhecimento.

---

273 http://www1.folha.uol.com.br/cotidiano/933559-juiz-que-cancelou-uniao-gay-diz-que-agiu-por-deus.shtml. Acesso em 31.05.2013.

6.2. *In claris cessat interpretatio?*

"Asseverava, ademais, que quando a lei fosse clara não haveria espaço para interpretação, de modo que não seria dado ao intérprete afrontar sua expressão literal, a pretexto de extrair dela conteúdo em conformidade com o texto constitucional".[274] Essa fala, que reflete literalmente o posicionamento do ministro Lewandowski no julgamento da ADPF 54/DF, volta e meia é trazida pela comunidade jurídica como fórmula aplicável: a desnecessidade de interpretação quando o dispositivo legal for claro o suficiente. É o posicionamento também da ministra Ellen Gracie em se tratando de Súmulas Vinculantes. Para a ministra, cabe aos juízes, diante de uma súmula desse tipo, "apenas aplicar, e não interpretar".[275]

As situações jurídicas acontecem em meio a incertezas, envolvem dúvidas, que serão submetidas à apreciação de um terceiro. Caso a situação fosse evidente por si só, seria ridículo submetê-la a um juízo, pois não haveria o que decidir. Bastaria um silogismo lógico para sua solução. Uma situação que não é

---

[274] ADPF 54, julgamento a respeito do aborto de feto anencéfalos.
[275] http://www.conjur.com.br/2012-abr-19/senso-incomum-jurisprudencia-transita-entre-objetivismo-subjetivismo. Último acesso em 08/05/2013. Informativo disponível em http://www.stf.jus.br/arquivo/informativo/documento/informativo661.htm. Acesso em 31.05.2013.

obscura não pode ser objeto de uma decisão, de uma escolha.

Para que uma decisão seja jurídica, é necessário que haja mais de uma possibilidade: do contrário, não se estaria ante uma decisão e sim de uma dedução. A decisão jurídica não deve ser confundida com mera dedução lógica, isto é, como simples aplicação de um dispositivo ao caso sob julgamento. Ela requer "uma atividade mental independente a ser realizada por quem decidirá"[276].

Sendo o agente fiduciário preposto do credor, cabe a este a escolha daquele. Para purgar a mora, basta que o devedor seja intimado, não havendo necessidade de intimação ser acompanhada de memória do cálculo do débito. Inteligência do § 1º, do art. 31, do DL 70/66. Aplicabilidade do princípio do in claris interpretatio cessat. Inexistindo vício formal no procedimento e ausente prova de resgate ou consignação da dívida deve a execução prosseguir sem prejuízo do disposto no § 2º, in fine, do art. 37 do DL 70/66. 5. Apelação dos autores improvida.[277] Quando os juízes fazem uso do princípio *in claris cessat interpretatio*, alegando que um título extrajudicial é **evidentemente** passível de execução por parte do credor, eles

---

276 Isay, Hermann. *Rechtsnorm und Entscheidung*. Berlin: Franz Vahlen, 1929, p. 20.
277 TRF-4 - AC: 25983 RS 1998.04.01.025983-4, Relator: Alcides Vettorazzi, Data de Julgamento: 18/07/2000, quarta turma, Data de Publicação: DJ 23/08/2000, p. 242.

estão sim se posicionando em um conflito – no qual o devedor acredita ser injusta a execução movida pelo preposto do credor.

Não há mera dedução. Cada um dos juízes teve de se posicionar quanto à demanda, interpretar os relatos – o preposto é representante legítimo? O título extrajudicial é realmente válido? – e, ao fim desse procedimento racional, chegar a uma sentença.

Jamais a atividade do julgador será meramente dedutiva. Mesmo quando a decisão parece relacionar diretamente o relato ao enunciado legal, ainda assim houve uma escolha acerca dos pontos circunstanciais a serem considerados, ou seja, o juiz escolheu, em última instância, o que ele deveria "levar em conta" e o que deveria ser "deixado de fora". Isso é interpretação.[278]

---

278 O mesmo vale para o acórdão do TJ-DF - ED: 19990020043327 DF, Relator: João Mariosa, Data de Julgamento: 06/03/2001, Conselho Especial, Data de Publicação: DJU 16/04/2001 p. 04, no qual:
"Processo Civil – Embargos de Declaração – Mandado de Segurança: revogação do ato pela autoridade coatora: perda superveniente de objeto – Embargos para se ter decisão sobre matéria não julgada: impossibilidade – **obscuridade inexistente.**" (destaques não originais). O mandado de segurança objetiva a restauração da legalidade, afastando o abuso da autoridade. Se o impetrante apresenta duas preliminares, sendo a Segunda ontologicamente posterior à primeira, infere-se que ao admitir a revogação do ato pela autoridade, admitiu-se a competência da Corte. Somente pode conhecer da revogação do ato, o órgão competente para julgar a legalidade ou legitimidade do próprio ato. *In claris cessat interpretatio.* Intelligentibus pauca. Se, portanto, a obscuridade fosse realmente inexistente, não haveria a necessidade de decisão judicial a respeito. A existência de um processo e, consequentemente, de uma sentença implica, necessariamente, a existência respectiva de uma dúvida, um conflito, uma indecisão, ou seja, uma

O julgador pode também decidir interpretando a realidade diferentemente do que realmente ocorreu – a decisão pode estar completamente na contramão dos fatos. Por exemplo, a condenação de um inocente. A plausibilidade de uma decisão jurídica dessa natureza pode ser amplamente questionada, todavia, não a sua juridicidade. Até mesmo porque ela será executada (cumprida) justamente por ser jurídica. Ainda que alguém não tenha, de fato, cometido um estupro, como é o caso do exemplo de Cornelius Dupree, visto acima, se o juiz acreditar, ante a alegação de outro se dizendo estuprado, que esse indivíduo a estuprou, este, que na realidade não estuprou ninguém, deverá cumprir a decisão – e a pena – que o condena por estupro.

As valorações nos argumentos qualificados como "especificamente jurídicos" são necessárias, no entanto não são racionalmente fundamentáveis. A constatação de que as valorações necessárias em muitas decisões jurídicas são relevantes moralmente não diz muito.

O dever de quem decide de se orientar em um sentido juridicamente relevante de acordo com valorações moralmente corretas é o pressuposto de uma tese plenamente insustentável[279], pois nem a meiga Alice, em seu país das maravilhas, ousaria

---

obscuridade.
279 Alexy, R. *Theorie der Argumentation*, p. 26.

acreditar em "valorações moralmente corretas". Talvez, uma tese como essa encontrasse solo fértil no âmbito da teologia ou quem sabe até mesmo na área filosófica, porém, no direito, entendido como efetiva vivência jurídica, deve ser veementemente rechaçada.

O que realmente é a decisão jurídica e qual relação ela estabelece com o emaranhando de dispositivos legais que levam à resolução de um caso concreto não pode ser encarado como um simples processo de pensamento, supostamente alicerçado na crença de que é "possível determinar previamente a solução correta do caso concreto. (...) Semelhante tese não pode ser afirmada nem muito menos sustentada", pois simplesmente não existe "uma definição e um parâmetro permitindo a aceitação dessa suposição. Em cada caso concreto, aparece uma situação imprevisível constituindo o inevitável ponto de partida desde o qual há de se buscar a solução".[280]

A interpretação é um **ato de decisão** que constitui uma possível adequação de uma proposição jurídica ao caso em trâmite no judiciário, não se caracterizando como descrição de um significado dado *a priori*.[281]

---

[280] Cohn, Georg. *Existenzialismus und Rechtswissenschaft*. Basel: Helbing & Lichtenhahn, 1955, pp. 150 e ss.
[281] Guastini, Riccardo. Interprétation et description de normes. In.: Amselek, Paul (Org.) *Interprétation et Droit*, pp. 89-101. Marseille/Bruxelles: Presses Universitaires D'aix-Marseille/Bruylant, 1995, pp. 97 e 98.

O direito se mostra, assim, como uma engrenagem que busca assegurar o **exercício de possibilidades**. O direito, apesar de muitos defenderem tal posição, **não** é um sistema cujo objetivo é garantir a confirmação de uma pretensão levada a juízo.

7. DIREITO: INSUFICIÊNCIA E PLENITUDE.

A insuficiência é intrínseca ao direito em realização, já que ele se encontra em movimento (sem atingir uma integralidade estática). A cada nova ação instaurada, surge nova decisão a lhe complementar, isto é, a erigir mais um andar em sua inesgotável estruturação.

O realizar do direito nas situações específicas será pleno, uma vez que sua conformação congloba a decisão que deverá ocorrer, mesmo nas mais obscuras e intrincadas demandas em trâmite judiciário. A ausência de disposições jurídicas no aparato fornecido ao julgador termina suprida no processo decisório. O direito daí resultante é completo.

No decorrer do desenvolvimento e das transformações sociais, novas demandas instauram-se, anunciando aos arquitetos das leis a iminência de mais um processo de reconfiguração do direito.

Os modos de organização parental e de filiação, por exemplo, têm passado por profundos níveis de mudança que, por divergirem de visões mais tradicionalistas sobre o tema, têm sido tratados como assunto de repercussão geral pelo STF.

O afeto, já reconhecido juridicamente, é a justificativa que legitima a tendência em conceder a possibilidade de registro de filhos em nome de pessoas do mesmo sexo, ou mesmo de mais de duas pessoas, como já foi autorizado pela Quarta Turma do STJ no Recurso Especial 889852[282], no qual foi concedido, a duas companheiras, que adotassem crianças conjuntamente.

Se a ligação afetiva prevalece sobre a biológica, será aquela a destinatária da proteção jurídica.

A mesma lógica é utilizada ao excluir a possibilidade do doador de material seminal. Não há conexão afetiva entre ele e o nascituro, "trata-se de um doador, não de um pai", conforme salienta o juiz Fábio Eduardo Basso, do Tribunal de Justiça de São Paulo, ao analisar o pedido de registro de uma criança pela mãe biológica e sua companheira.

O julgador ressalta a necessidade de o sistema jurídico respeitar os diversos núcleos familiares que se formam na sociedade atual, impedindo que haja discriminação entre tais variantes. Assim, não cabe ao direito ignorar uma situação que já existe de fato, e espera o devido amparo jurídico.

Na realidade, o direito só não seria completo em uma demanda singular, se lhe faltasse uma característica necessária,

---

282 Ementa: Direito civil. família. Adoção de menores por casal homossexual. Situação já consolidada. Estabilidade da família. Presença de fortes vínculos afetivos entre os menores e a requerente.imprescindibilidade da prevalência dos interesses dos menores.relatório da assistente social favorável ao pedido. reais vantagens para os adotandos. artigos 1º da lei 12.010/09 e 43 do estatuto da criança e do adolescente. deferimento da medida.

uma particularidade essencial: a decisão jurídica. O direito só não seria pleno em dada demanda judicial, caso ela não fosse decidível. No entanto, as controvérsias levadas ao exame do judiciário sempre devem ser resolvidas.

A ausência de um ditame legal regulando o caso em julgamento não significa lacuna no direito, porquanto ele não se resume ao emaranhado de disposições jurídicas – mas se completa com a decisão jurisdicional. Logo, as falhas legislativas poderão ser preenchidas por meio da decisão jurídica e, desse modo, realiza-se integralmente o direito.

O rumo como serão decididas as demandas encontra-se em eterno dinamismo e readaptação, pois as perspectivas embasadoras de cada entendimento colocado oscilam conforme o grau de reflexão sob o qual se discutiu determinado tema. As demandas de recente surgimento, cuja temática ainda não foi suficientemente discutida, tendem a ser objeto de variadas possibilidades de julgamento.

Os conflitos decorrentes da informatização do mundo constituem ainda matéria de complexa resolução, considerando a breve existência do desenvolvimento e popularização dessa tecnologia. Além da ausência de norteadores legislativos sobre o assunto, ainda não há um consenso sobre como enquadrar cada atividade que é exercida nos meios informatizados.

Tem-se discutido a possível ilicitude do uso de sinais de

redes sem fio de internet não protegidos por senha. O possível delito poderia ser enquadrado no art. 155 § 3º do Código Penal, que tipifica o furto de coisa móvel e finaliza por englobar a energia elétrica ou qualquer outra que tenha valor econômico no ilícito.

O sinal, por possuir valor econômico, estaria incluso no tipo, pois a presença de uma ambiguidade na redação normativa permite tal compreensão. De qualquer modo, tal aspecto representaria uma analogia em prejuízo do réu, não admissível no ordenamento jurídico penal brasileiro.

Nessa vertente, o acórdão do Tribunal de Justiça de Minas Gerais, sobre o sinal de televisão a cabo: "(...) assim, apesar de ser certo que o processo de sua distribuição tem natureza elétrica, devemos nos ater que quem tem acesso ao serviço de televisão a cabo está condicionado apenas ao pagamento de sua assinatura, que, geralmente, vem sendo cobrada nas contas telefônicas, independentemente de a pessoa ter se utilizado ou não dos programas oferecidos, por se tratar de um contrato de prestação de serviços. E a energia elétrica consumida naquela unidade residencial certamente foi cobrada pela concessionária de Serviço Público competente (...)". O relator aponta a ausência de identidade entre a energia elétrica e o sinal televisivo, o que se traduz no exemplo jurisprudencial mais próximo a se comparar ao sinal de internet, corroborando a tese de que não é possível tipificar esse uso furtivo de sinal *wifi* no dispositivo penal, constituindo ilícito civil, somente.

Argumenta-se, quanto ao uso clandestino de sinais de rede *wifi*, propriamente, a possibilidade de seu possuidor legítimo bloqueá-lo mediante senha, incapacitando outros indivíduos de utilizá-lo sem autorização. A discussão sobre o assunto pendula entre a posição de que consiste um dever do proprietário impedir o acesso de usuários aleatórios ao sinal por meio de senha – pois, do contrário, estaria voluntariamente permitindo o ingresso de qualquer um na rede – e a de que deveria haver um respeito à propriedade do detentor do sinal, que é quem investe recursos financeiros para mantê-lo.

Uma vez que tal questão é remetida ao judiciário, devem os magistrados necessariamente interpretá-la e emitir juízo sobre ela, isto é, decidir se tal uso clandestino de sinais *wireless* constitui ou não furto.

A presença de um preceito legal estatuindo o que se deve fazer em dada demanda não é suficiente para se afirmar que se está ante uma situação de plenitude do direito pois, mesmo em casos como esse – em que há previsão expressa – o julgador poderá inovar, ou modificando a estruturação existente, ou lhe acrescentando normatização inédita. Seja na presença de determinação legal, ou na ausência dela, não há especificidade na maneira de decidir as demandas. Aquele a quem compete o ofício judicante poderá, indistintamente, provê-la ou não a prover. Caber-lhe-á, entretanto, o compromisso genérico de decidir de alguma maneira.

A fluidez das novas descobertas científicas e as inerentes incertezas quanto à natureza do que está sendo estudado também têm conduzido situações conflitantes ao exame judicial. Por outro lado, "o Direito é dinâmico, não envelhece. A norma é produzida pelo intérprete não só a partir dos textos, mas também segundo os dados da realidade. Isso explica a generalidade do texto, o qual não pode refletir exatamente a realidade da sociedade (...)".[283]

Ao se avaliarem processos investigativos ligados ao campo medicinal, são levantadas várias ponderações éticas e morais sobre qual a contabilidade adequada entre a expectativa de lucro das empresas que promovem as pesquisas, e a situação dos pacientes que poderiam ter um mais fácil alcance aos tratamentos desenvolvidos – utilizados no prolongamento da vida ou da saúde humana.

O projeto Genoma Humano já completou dez anos de existência e hoje seu desenvolvimento é possível a partir de um custo bastante reduzido se comparado aos primórdios de sua

---

283 Eros Grau, Eros Grau ministra palestra no IAB e debate temas polêmicos e atuais, *Revista do Instituto dos Advogados Brasileiros*. Rio de Janeiro. N° 110. p. 4-5, 2012. <http://www.iabnacional.org.br/IMG/pdf/doc-8803.pdf> Acesso em 31.05.2013.

implantação. Contudo, os genes isolados têm ingressado bruscamente no mercado de patenteamento, e isso tem conduzido setores da sociedade a inúmeros questionamentos sobre as consequências de se garantir legalmente o privilégio de uma empresa a um saber de tamanha relevância para a espécie humana.

O DNA é algo natural ou o resultado de um experimento científico? Foi levado à jurisdição americana o caso denominado *Association for molecular pathology v. Myriad Genetics, Inc.*, em que se discute a admissibilidade da concessão de patentes sobre genes humanos.

A Associação de Patologia Molecular é uma organização composta por pacientes e médicos atuantes em análise genética e no desenvolvimento da medicina clínico molecular. O grupo, também ativo na defesa da não capitalização das descobertas na área médica, interpôs uma ação contra a empresa *Myriad Genetics Inc.*, alegando a invalidade de cinco de suas patentes.

Myriad Genetics é uma empresa americana exponencial em diagnósticos moleculares e responsável pelo isolamento dos genes humanos ligados a uma predisposição hereditária ao câncer de mama e de ovários – os BRCA (do inglês, *BReast CAncer genes*), que são o objeto da discussão sobre patenteamento. Na corte de Nova York proferiu-se juízo favorável à associação, porém, meses depois, a decisão foi anulada, o que levou a demanda à Suprema Corte americana.

Conforme consta nos autos apreciados pela Suprema Corte americana, na questão apresentada discute-se a validade das patentes reclamadas pela *Myriad Genetics* sobre os genes humanos que isolara, os BRCA. Alega a parte autora da demanda, que a apropriação da patente pela empresa significaria a exclusão de cientistas independentes da possibilidade de analisar livremente o DNA dos genes BRCA, pois desse modo estariam violando propriedade da *Myriad Genetics*.

O relato da Suprema Corte salienta que, primeiramente, os membros da associação são profissionais que fazem uso regular de métodos convencionais de testes sobre genes, e que agora teriam sua livre pesquisa sobre os genes BRCA impedida, diante existência das patentes da Myriad sobre tais genes.

Afirma ainda que a concessão de patentes genéticas representaria uma contensão na pesquisa científica relacionada à medicina, que tem por essencial finalidade a preservação da vida ou a idealização de tratamentos destinados à cura de moléstias.

Estima-se, por meio da Agência de Marcas e Patentes americana (*The United States Patent and Trademark Office*), que deve chegar a 20% o número de genes humanos já postos sob o privilégio de alguma empresa, o que elevará os custos de pesquisas que necessitem analisar os genes já patenteados.

Médicos independentes chamam atenção para o fato de

que, caso a patente sobre os BRCA deixe de ser concedida, uma amostra do material genético terá custo de cerca de 200 dólares, enquanto, com a patente, o preço a ser pago alcança 3.000 dólares.

Em países onde o gene responsável pela doença de Alzheimer não foi patenteado, pesquisadores puderam descobrir previamente mutações do gene. Tais mutações adicionais são frequentemente ferramentas críticas para diagnosticar indivíduos que, caso contrário, não seriam diagnosticados com a enfermidade somente com o uso do gene patenteado.[284]

A decisão no sentido de impedir a concessão de patentes sobre os genes isolados, porém, também pode gerar efeitos problemáticos, pois várias empresas investiram altos montantes financeiros no processo de inversão do DNA. Frustrar sua expectativa de recuperação desse investimento seria um entrave para a realização de outras pesquisas similares, o que também comprometeria o avanço na cura de moléstias graves e o impulso da medicina personalizada.

Alerta o presidente da *Myriad Genetics*: Sem a capacidade de recuperar esse dinheiro, não se produzirão grandes

---

[284] Lori B. Andrews, J.D. e Jordan Paradise, Gene Patents: The Need for Bioethics Scrutiny and Legal Change, *Yale Journal of Health Policy, Law, and Ethics*, Vol. 5: Iss. 1, Article 13, 2005. Disponível em: <http://digitalcommons.law.yale.edu/yjhple/vol5/iss1/13>. Acesso em: 30.05.2013.

descobertas científicas para combater esse tipo de enfermidades e muitas outras. Os avanços científicos, ademais, têm sido feitos por meio do compromisso de uma proteção rígida das patentes. [285]

A empresa Myriad é detentora das patentes dos dois genes desde 1996 e, desde então, tem sido a provedora exclusiva de testes sobre câncer hereditário envolvendo os BRCA nos Estados Unidos, o que configuraria um monopólio legalmente instituído, segundo a visão dos críticos do sistema de patentes. Elementos vitais não deveriam ser controlados por monopólios legais criados pela extravagância do Congresso ou das cortes[286], afirma James D. Watsom, um dos codescobridores da estrutura em dupla hélice do DNA.

O ponto central da solução para o conflito é se os genes do corpo humano são passíveis de apropriação, já que o isolamento genético não consiste em produção de novo conhecimento, mas sim da revelação de um componente orgânico, presente no organismo de seres.

A Suprema Corte americana deverá, portanto, levar pelo

---

[285] García, Carolina. ¿Se pueden patentar los genes humanos? *El País*, Madrid. Abr. 2013. <http://sociedad.elpais.com/sociedad/2013/04/17/actualidad/1366160292_424515.html>. Acesso em: 30.05.2013.

[286] Mcleod, P. S. *Supreme Court agrees to consider Myriad case involving human genes patents.* Dark Daily, US. Jan. 2013. <http://www.darkdaily.com/supreme-court-agrees-to-consider-myriad-case-involving-human-gene-patents-12113#axzz2SEqodom8> Acesso em 03.05.2013.

menos três aspectos em consideração: a indústria, a propriedade sobre patentes e o bem-estar coletivo. Difícil defender a existência de uma solução "correta" para o conflito em tela. A necessidade de decidir impõe aos julgadores, assim, a nova definição dos contornos do patenteamento genético. Estender o alcance ao conhecimento ou conceder um privilégio privado em detrimento do bem público? Diante de toda essa controvérsia e ante a ausência de dispositivos legais que a regulem de maneira clara, o que se sabe é que ela será decidia pelo judiciário americano, pois esse é o dever diante do qual o julgador não possui o poder de recusa. Cabe-lhe proferir a decisão, pois a incumbência de sentenciar é o poder-dever assumido a partir do ingresso na carreira judiciária. A cada canetada judicial esses e outros bens estão em jogo. E a cada nova canetada esses bens são ora despidos e ora investidos dos respectivos direitos.

Não existe direito antes da sentença judicial. Logo, não se fala em completude do direito antecedente à decisão jurídica. As sentenças baseadas em interpretações totalmente criadoras e integradoras são tão jurídicas quanto aquelas que se valem das proposições normativas disponíveis, porquanto a juridicidade de uma decisão não se relaciona com a adoção de determinada interpretação, senão com a legitimidade da autoridade que a tomou.

No arcabouço de decisões jurídicas visualiza-se uma

universalidade de fundamentações e teses baseadas nos mais intrigantes ou inesperados posicionamentos, que muitas vezes representam um fulgente choque com o senso comum jurídico vigente. A decisão, por mais intrigante que seja, continua sendo legalmente válida, pois emanada por autoridade competente para a emissão de seu próprio parecer sobre o caso. O âmbito apropriado para a asserção da inconformidade das partes ou do Ministério Público será a sede recursal, o que também é tão legalmente assegurado quanto a legitimidade do juiz para proferir a sentença.

A Lei Maria da Penha é a resposta do Estado brasileiro ao crescente senso protetivo dirigido às mulheres e a uma reconhecida comprovação histórica de situações de violência doméstica cujo objeto tem sido, majoritariamente, indivíduos do sexo feminino.

A promulgação da Lei Maria da Penha, porém, levantou muitas indagações acerca de sua constitucionalidade e possível violação do constitucional princípio da isonomia entre os cidadãos, que estaria comprometido diante de algumas disposições trazidas pela lei. Em demanda levada a juízo em Minas Gerais, no ano de 2007, o julgador considerou a inconstitucionalidade de alguns artigos da lei com base em toda sorte de alegações retiradas de perspectivas histórico-filosóficas.

Tomando por base o princípio da isonomia, tanto para

declarar a inconstitucionalidade de alguns artigos, assim como para afirmar a plena validade de outros, o magistrado afirma em sentença: "embora deem (tais artigos) tratamento diferenciado à mulher, não os considero propriamente discriminatórios, na medida em que diferencia os desiguais, sem contudo extremar estas indiscutíveis diferenças, a ponto de negar, por via obliqua ou transversa, a existência das fragilidades dos homens pondo-o em flagrante situação de inferioridade e dependência do ser mulher, em sua mútua relação de afeto".

Não se pode dizer, porém, que o entendimento do referido juiz contenha vício, pois apresenta interpretações normativas possíveis, por mais que, talvez, não sejam de todo desejáveis, e, inclusive, tenham sido consideradas preconceituosas, o que conduziu ao afastamento do juiz de suas funções pelo CNJ (Conselho Nacional de Justiça), em 2010.

O choque percebido entre a interpretação pensada pelo julgador mineiro e o entendimento majoritário – refletido pelo legislador da lei Maria da Penha, reside na valoração atribuída a duas espécies de direitos: o direito à igualdade, já firmado no ordenamento, e os recentes direitos das mulheres, a quem o ordenamento tem tendido a dispensar um tratamento protetivo devido à experiência histórica.

De qualquer forma, a condenação imposta pelo CNJ (9 votos contra 6) ao juiz, que o sentenciou ao afastamento da magistratura por dois anos foi tornada sem efeito pelo Supremo, que o liberou para prosseguir no exercício de sua função.

O Tribunal sopesou, em seu julgamento, a autonomia e independência dos magistrados, considerando que a punição não era o procedimento adequado para o caso, até porque, para contrariar a sentença proferida pelo juiz de Sete Lagoas, está à disposição das partes a sede recursal.

Vota o ministro Marco Aurélio: "embora não se concorde com o excesso de linguagem na decisão proferida, dita preconceituosa e discriminatória em relação às mulheres, o magistrado as fez em caráter abstrato, sem que houvesse individualização de um ou outro cidadão". E concluiu: "a concepção individual que, não merecendo endosso, longe fica de gerar punição (...), e se o entendimento for o de que o juiz já não detém condições intelectuais e psicológicas para continuar na atividade judicante, a solução, sempre a pressupor laudo técnico, é outra, que não a punição".

Preconizadores da concepção feminista, porém, indignaram-se com tal absolvição. Mesmo feitas em "caráter abstrato", como relatou o ministro Marco Aurélio, as manifestações do magistrado teriam cunho "preconceituoso e incompatível com o estado democrático de direito", conforme artigo publicado no sítio virtual da Universidade Livre Feminista.[287] A repulsa mediante o desfecho do processo administrativo oposto ao julgador também pautou-se no modo como ocorreu a sucessão da tutela aos direitos das mulheres no Brasil.

A Lei Maria da Penha foi resultado de pressão internacional sobre o Brasil, sob a acusação de ser conivente com a violência contra as mulheres. De fato, a Lei foi elaborada após ter sido tornado público globalmente, pela Comissão de direitos humanos da Organização dos Estados Americanos (OEA), o caso da biofarmacêutica Maria da Penha Maia Fernandes, vítima de paraplegia irreversível devido às agressões de seu antigo companheiro, e cujo nome serve de emblema à legislação.

Na oportunidade em que o caso foi posto sob análise, a OEA explicitamente recomendou ao Estado brasileiro que "conduzisse uma séria, imparcial e exaustiva investigação com o fim de estabelecer responsabilidade criminal ao autor da tentativa de assassinato da sra. Fernandes (...). Também recomenda-se que haja pronta e efetiva compensação à vítima, e a adoção de medidas, em nível nacional, para eliminar a tolerância do Estado quanto à violência doméstica contra mulheres."[288]

---

287 Guidi, M. Universidade Livre Feminista. <http://www.feminismo.org.br> Acesso em 30.05.2013.
288 Organization of American States. Inter-American Commision of Human Rights. Report n. 54/01. Abr. 2001.

Nota-se, de fato, que a construção de um direito protetivo dos direitos das mulheres, inclusive quanto ao uso da Lei nº 11.340 – Lei Maria da Penha – até então denota certa resistência por parte de magistrados brasileiros e uma precariedade estrutural dos órgãos responsáveis pela investigação e prevenção da violência contra a mulher. Porém, como tendencialmente tem-se averiguado em outros países, essa lógica direciona-se para outro modelo de orientação jurídica que deverá ser adotado nas decisões dos magistrados, pautado na crescente valoração e busca pela preservação dos direitos do sexo feminino.

As proposições normativas orientam as decisões jurídicas – possuem a função de ofertar eventual parâmetro para a resolução dos conflitos. Porém, em algumas situações, o parâmetro para a interpretação (referente aqui à discussão jurídica, já que o relato sempre haverá, ainda que o fato mesmo não tenha ocorrido, pois o aparato jurisdicional é movido por meio de um relato, que geralmente é fático, mas pode ser imaginário[289] não é ofertado aos julgadores.

<http://www.cidh.oas.org/women/Brazil12.051.htm> Acesso em 30.05.2013.
289 Relatos imaginários narram supostos acontecimentos sem correspondência na realidade; são fruto da inventividade de seu narrador, que cria tal descrição inverídica com o intuito de garantir para si alguma vantagem a que não faria jus, ou mesmo com o fim de causar prejuízo a um terceiro. Esse artifício é utilizado muitas vezes por indivíduos que desejam obter proveitos ilegítimos por meio do sistema judiciário, manejando-o

Notáveis esforços legiferantes parecerão capengas ante a variabilidade de fatos irrompidos da vivência cotidiana. Por conseguinte, nem todas as situações restarão previstas pelas disposições jurídicas. Por mais que se tente, jamais se conseguirá abarcar, nos limitados artigos de um código, a inesgotável abundância da vida, com todas as questões jurídicas oferecidas.

A todo momento surgem casos não previstos pelo legislador.[290] Nessas circunstâncias, assim como naquelas com previsões pretensamente claras, caberá ao processo hermenêutico a respectiva deliberação.

O indivíduo encarregado da função jurisdicional poderá alterar as proposições normativas existentes, adequando-as à necessidade do caso, ou elaborar uma norma completamente nova a partir da interpretação do suporte fático, anexando-a, por meio jurisprudencial, à estrutura jurídica.

Mesmo o sentido de uma norma pode ser alterado, e o alcance de sua irradiação, ampliado ou contido. O dispositivo penal que tipifica a prática do aborto e lhe impõe as penalidades e agravantes teve, recentemente, sua interpretação alterada por meio de jurisprudência do Supremo Tribunal Federal.

Julgou-se procedente a ADPF (Ação de Descumprimento de Preceito Fundamental) n° 54, impetrada

---

como a uma loteria.
290 Zitelmann, Ernst. *Lücken im Recht*. Leipzig: Duncker & Humblot, 1903, p. 10.

pela Confederação Nacional dos Trabalhadores da Saúde (CNTS) acerca da inconstitucionalidade da tipificação do aborto de fetos anencéfalos com base nos artigos 124 a 128 do Código Penal. A prática teve cerca de 3 mil autorizações judiciais concedidas, no Brasil, desde 2005.

O relator da ação, ministro Marco Aurélio, fundamentou seu voto baseando-o na liberdade e integridade física e psicológica da mulher. É inadmissível, para ele, que a integridade física do feto que terá ínfimas condições de sobrevivência por mais de vinte e quatro horas seja vista com primazia às "garantias à dignidade da pessoa humana, à liberdade no campo sexual, à autonomia, à privacidade, à saúde e à integridade física, psicológica e moral da mãe, todas previstas na Constituição, pois, "se a proteção ao feto saudável é passível de ponderação com direitos da mulher, com maior razão o é eventual proteção dada ao feto anencéfalo."

Em seu voto, também salientou que o Estado não teria a incumbência de interferir a tal ponto na vida da gestante, a ponto de "colocá-la em um cárcere privado em seu próprio corpo." Ao Estado caberia somente fornecer informações e atendimento médico e psicológico após a decisão, que deve ser tomada exclusivamente pela mulher.

Ainda, ressaltou que a questão contemplada não abrange a discussão sobre a descriminalização do aborto. No caso do feto anencéfalo, não há que se falar em direito à vida, pois a vida do nascituro, nesse caso, não tem mínima viabilidade ou possibilidade de se preservar, por isso seria possível a antecipação do parto.

A anencefalia é doença congênita letal, que pressupõe a ausência de parte ou do total do cérebro. Não há expectativa de que a vida do feto se preserve por mais de vinte e quatro horas, tampouco meios tecnológicos capazes de promover a cura ou um tratamento. Sua previsão legal, no Brasil, é dimensionada pelo Código Penal, promulgado na década de 40, época em que não havia recursos suficientes para constatar a presença de tal anomalia, e quando a proteção aos direitos femininos ainda não alcançara a notabilidade que hoje possui.

Acompanhando o voto do relator, outros ministros, como Rosa Weber, apontaram para o fato de o feto anencefálico não possuir faculdades inerentes à concepção de humanidade, tal como o desenvolvimento da atividade cerebral, física, psíquica e afetiva, o que o comprometeria sua qualificação como ser humano, segundo a ministra. Utilizou, analogicamente, o parâmetro científico de diagnóstico da morte de um indivíduo – a perda de capacidade cerebral – para sustentar sua tese de que o feto com anencefalia não representa uma vida em potencial.

Como ainda afirmou a ministra Weber, a discussão sobre

existência de vida contempla diversos e variáveis parâmetros científicos, não havendo um conceito preciso sobre a questão. A sustentação do ministro Cézar Peluso exemplifica essa diversidade de compreensões: segundo entende, o anencefálico também é um ser com vida, e toda forma de vida merece tutela; ainda, a conduta é vedada pela ordem jurídica, pois, para que se configure o aborto, *"basta que haja eliminação da vida"*.

Questionou-se, também, a competência do Tribunal para promover inovações no ordenamento. Para o ministro Lewandowski, *"não é dado aos integrantes do Judiciário, que carecem da função legitimadora do voto popular, promover inovações no ordenamento normativo como se fossem parlamentares eleitos"*, cabendo essa tarefa ao Congresso, cujos membros são, de fato, representantes populares.

Seu voto absteve-se das discussões relativas ao assunto-chave analisado na ADPF; a partir de dados da OMS (Organização Mundial da Saúde), segundo os quais há diversas anomalias fetais em que as chances de sobrevivência são mínimas, e, assim, a procedência de ação que legalize o aborto de anencefálicos abriria precedente para outras ocasiões de interrupção da gravidez. Desse modo, somente o Congresso teria o poder de legislar sobre o caso: *"Sem lei devidamente aprovada pelo parlamento, que regule o tema com minúcias, precedida de amplo debate público, provavelmente* retrocederíamos aos tempos dos antigos romanos, em que se lançavam para a morte, do alto de uma rocha, as crianças consideradas fracas ou debilitadas.'[291]

A incerteza das decisões a serem tomadas exclui a possibilidade de um *direito apriorístico*. Sua configuração plena mostra-se superveniente à sentença judicial, constituindo-se integralmente somente após sua prolação definitiva. Impossível, portanto, predizer a posição do Supremo Tribunal Federal acerca da autorização de aborto de fetos anencefálicos antes que o órgão de fato tenha se pronunciado a respeito. O Direito enquanto Direito é, na sua essência, imprevisível. Sua realização é dinâmica e inevitável. Os mais diversos posicionamentos que o compõem constroem também a sua realidade.

As controvérsias levadas à tutela jurisdicional serão decididas. Os investidos na judicatura não podem se recusar a julgar alegando obscuridade ou insuficiência na legislação, competindo-lhes, em tais casos, tal qual nos demais (em que parecem ser claras e suficientes), exercer a judicatura, acolhendo ou repelindo a demanda. Juiz é, por definição, aquele que julga, não existindo, consequentemente, magistrado que não deva julgar.[292]

---

291 STF, ADPF 54, 12/4/2012. <http://www.stf.jus.br/portal/jurisprudencia> Acesso em 30.05.2013.
292 "O que importa é que o juiz, pretextando lacuna ou obscuridade da lei (note-se: da lei, e não do ordenamento jurídico), não se furte àquele dever

Imaginar o direito sem o inelidível dever de julgar as controvérsias é ilógico. O direito se completa com o julgado, este faz parte de sua realização. "Completude e incompletude dependem, em última análise, das avaliações, das escolhas, e das decisões do intérprete".[293]

Seria possível um direito sem julgamentos? O direito existe para julgar. Um "juiz" que não julgue não é um juiz, uma vez que juiz é, por definição, aquele que julga. Decidir constitui uma premência e, já que o juiz não pode se negar a emitir uma decisão, a suposta lacuna será sempre suprida.[294]

A existência de uma lacuna no direito só é concebível na infactível hipótese de um caso apresentado pela prática ao qual não se proporcionasse decisão alguma.[295] Precisamente, não será nem mesmo lacuna, mas sim ausência do direito, visto que o direito só se faz presente, totalmente, com a emanação da decisão jurídica.

7.1. O surgimento de uma real dificuldade em

---

formal de obrar, que está a base de sua formação específica. (...) Juiz é o funcionário que, ao lhe serem conclusos os feitos processuais, não tem o direito de duvidar ou de, ainda diante da mais monstruosa incorreção do texto legal, escusar-se de despachar ou de sentenciar o processo". Pontes de Miranda, Francisco Cavalcanti. *Comentários ao Código de Processo Civil*. Tomo II. Rio de Janeiro: Forense, 1973, pp. 338 e 339.
293 Guastini, Riccardo. *Dalle fonti alle norme*. Seconda edizione. Torino: Giappichelli, 1992, p. 142.
294 Zitelmann, E. *Lücken im Recht*, p. 6.
295 Idem, p. 5.

relação à plenitude do direito.

O problema da plenitude do direito apresentou real dificuldade a partir do século XIX[296], isto é, no momento em que se desenvolveu a teoria da plenitude da legislação escrita (legalismo codificador). Nesta época, iniciou-se intenso processo legiferante em diversas matérias. Acreditava-se na possibilidade de que todas as questões estivessem reguladas pelas leis.[297] Logo, os juízes obteriam sempre uma resposta correspondente na legislação, ficando restritos a aplicar as leis.[298]

Atualmente, muitos ainda acreditam na submissão da judicatura aos ditames da legislação e pensam na juridicidade da decisão como mera adequação à lei. Creem, ademais, na ideia de um juiz autômato, cuja função não ultrapassa a subsunção do fato à lei.[299] Entretanto, mostra-se cada vez mais evidente que o princípio de sujeição à lei "não constitui requisito essencial da natureza jurisdicional de uma decisão. O princípio de 'sujeição à lei' exprime certamente regra fundamental de muitos

---

[296] Gilissen, John. Le problème des lacunes du droit dans l'évolution du droit médiéval et moderne. In: Perelman, C. (Org.). *Le problème des lacunes en droit*, p. 198.
[297] Bobbio, Norberto. *Teoria dell'ordinamento giuridico*. Torino: Giappichelli, 1960. p. 133.
[298] Montesquieu, Charles de Secondat. *De l'esprit des lois*. Édition établie par Laurent Versini. Vol. I. Paris: Gallimard, 1995, pp. 200 e 337.
[299] Perelman, Chaïm. Le problème des lacunes en droit, essai de synthèse. In: Perelman, Chaïm (Org.). *Le problème des lacunes en droit*. Bruxelles: Établissements Émile Bruylant, 1968, p. 541.

ordenamentos jurídicos, mas não elemento imprescindível da juridicidade".[300]

Quando se constata, no linguajar jurídico comum, a existência de uma "lacuna" no ordenamento jurídico, trata-se, tão só, de eventual insuficiência das disposições normativas. É preciso diferençar a insuficiência das previsões legais das assim chamadas lacunas.

Na verdade, lacunas não existem no direito. A decisão jurídica cuidará de assegurar ao direito realizado no caso sua plenitude. Não há lacunas no emaranhado jurídico: não ocorre ausência de direito. Pode haver de fato, apenas, insuficiência de disposições jurídicas.

Atualmente, sabe-se que em todas as situações em que há ausência de regra expressa e suficiente, é o processo interpretativo que conduzirá ao encontro ou não do dever[301] para os casos em apreço judicial. Logo, a pergunta cabível é: como proceder? Não há resposta. Nessa circunstância, o julgador vê-se diante de pelo menos quatro possibilidades mais

---

300 Cappelletti, Mauro. *Giudici legislatori?* Milano: Giuffrè, 1984. Citado a partir da tradução de Carlos Alberto Alvaro de Oliveira, *Juízes legisladores?* Porto Alegre: Sergio Fabris, 1993 (reimpressão 1999), p. 24.
301 "Devemos lançar mão das realidades do ser vivo, da vida, para extrair ensinamentos do proceder do acontecimento, do comportamento real do homem e das consequências reais, dos costumes e usos, e, assim, obter as regras que precisamos para nossa decisão sobre o dever ser". Walder, Willy. *Grundlehre jeder rechtsfindung dargestellt für die praxis des zivilrechts unter berücksichtigung der rechtsprechung des Reichsgerichts.* Berlin: W. Rothschild, 1928, p. 21.

imediatas: recusar decidir, não aplicar a disposição normativa insuficiente, completá-la ou criar uma norma completamente nova para o caso. A primeira possibilidade é interditada pela intransponível necessidade da decisão nos casos juridicamente tutelados; a segunda, é defesa pelo fato de que uma disposição, geralmente, não é nula em razão de sua carência de completude e evidência (salvo em casos excepcionais, por exemplo, do direito penal[302]). Desse modo, restam somente a terceira e quarta possibilidades, ou seja, criar as normas partindo de dispositivos sabidamente insuficientes e carentes de complementação interpretativa ou produzir norma totalmente inédita para solucionar o litígio. O intérprete, na verdade, produz a norma (o dever ser para o caso), haja disposição jurídica ou não. O fato de se escolher uma disposição e, assim, torná-la *relacionável ao caso*, não significa que ela é completa.

A noção de completude também se altera conforme as transformações vivenciadas na sociedade. O dispositivo legal hoje perfeito e capaz de orientar a solução de determinada demanda sujeita-se a perder sua exatidão com o surgimento de novas problemáticas sociais.

O conceito de organização familiar exemplifica o fato de

---

[302] Para maiores detalhes acerca da tipicidade penal em sua faceta de *nullun crimen sine lex certa*, conferir Canaris, Claus Wilhelm. Die Feststellung von Lücken im Gesetz. *Schriften zur Rechtstheorie*. n. 3. Berlin: Duncker & Humblot, 1964, pp. 176 a 178.

que nada é imutável ou caracterizável como "natural". Os núcleos familiares que existem atualmente distorcem a visão tradicional de família concebida mesmo pelo recente Código Civil de 2002, e certamente continuarão transmutando-se ininterruptamente.

Como, a princípio, não cabe ao direito disciplinar as escolhas tomadas pelos indivíduos, resta-lhe edificar-se de modo a continuar capaz de atender às novas demandas, bem como compreender as novas realidades, reconfigurando disposições legais que já contiveram maior precisão e tornaram-se insuficientes.

A regulação civil vigente dirigida aos núcleos familiares apresenta vários pontos de insuficiência, pois o modelo clássico de família é apenas um dentre diversos outros que puderam explicitar-se nas últimas décadas. A união afetiva entre indivíduos notabilizada na sociedade do século XXI não é somente aquela formada entre o homem e a mulher, formalizada pelo casamento. Uma maior libertação intelectual tem permitido que os indivíduos unam-se conforme suas aspirações e preferências pessoais, sem o constrangimento de se adaptar a um padrão, e essa realidade tem refletido na construção do ordenamento jurídico.

Tornar pública uma união com finalidade afetuosa hoje não é mais privilégio de pessoas de sexos distintos. Muitos casais de mesmo sexo assumem sua relação perante a sociedade, e os discursos dotados de preconceito, por mais que ainda frequentes, vem-se, lentamente, diluindo.

Tal visibilidade da questão homoafetiva conduziu ao julgamento da ADPF 132 pelo Supremo Tribunal Federal, ação ajuizada pelo governo do estado do Rio de Janeiro, concomitantemente com a ADI (Ação Direta de Inconstitucionalidade) 4277, protocolada pela Procuradoria-Geral da República. Ambas tiveram a procedência unanimemente reconhecida.

O STF entendeu que os direitos constitucionais à igualdade, autonomia da vontade e dignidade da pessoa humana não tornam possível a proibição, pelo Estado, da união homoafetiva.

A solução encontrada pelos julgadores valeu-se de interpretação conforme à Constituição, segundo a qual é vedada discriminação em função de raça, cor, sexo, etc. Sendo assim, qualquer distinção pessoal por conta de orientação sexual afrontaria o inciso IV do art. 3º da Constituição Federal, pois, afirma o relator, ministro Ayres Britto, "o papel do Estado e do Direito em uma sociedade democrática, é o de assegurar o desenvolvimento da personalidade de todos os indivíduos, permitindo que cada um realize os seus projetos pessoais lícitos".

A decisão excluiu qualquer interpretação do artigo 1.732 do Código Civil que impeça o reconhecimento da união de pessoas de mesmo sexo como entidade familiar, e concedeu efeito vinculante e *erga omnes*, sob iguais regras e consequências a que está submetida a união estável heteroafetiva, até porque, conforme parecer da PGR, o dispositivo que regulamenta a união estável, "ao conferir tutela constitucional a formações familiares informais antes desprotegidas, surgiu como instrumento de inclusão social. Seria um contrassenso injustificável interpretá-lo como cláusula de exclusão, na contramão da sua teleologia."

Na ocasião da ADI, pediu-se que, além do reconhecimento de união homoafetiva, também fossem estendidos a ela os direitos e deveres de que trata o Código Civil (como os deveres de lealdade, respeito e assistência, e de guarda, sustento e educação dos filhos, além do regime de comunhão parcial de bens, caso não haja pacto escrito entre os companheiros).

O debate referente à união estável homoafetiva também discutiu se era possível o enquadramento dessa forma de entidade familiar nos tipos de família já regulados pelo direito civil. Os ministros Lewandowski, Gilmar Mendes e Cézar Peluso discordaram da possibilidade, apontando para a necessidade de nova configuração de união, o que denota o papel criativo da construção jurídica. Explica Lewandowski: "a norma constitucional, que resultou dos debates da Assembleia Constituinte, é clara ao expressar, com todas as letras, que a união estável só pode ocorrer entre o homem e a mulher (...). Trata-se, segundo o ministro, de "outra espécie de entidade familiar, que se coloca ao lado daquelas formadas pelo casamento, pela união estável entre um homem e uma mulher e por qualquer dos pais e seus descendentes, explicitadas no texto constitucional".[303]

O problema da plenitude do direito relaciona-se inequivocamente com a concepção do direito como uma totalidade sistemática[304], "quase um cosmo de preceitos contraposto a um caos de eventos"[305], embora se observe que na história do pensamento humano a noção de sistema aparece difusa e genérica, uma vez que igualmente genérico e difuso é o impulso sistematizador.[306]

---

303 Decisão da 1a turma do STF em 05/05/2012, publicada no Dje nº 198 em 14/10/2011. <http://redir.stf.jus.br/paginadorpub/paginador.jsp?docTP=AC&docID=628633> Acesso em: 30.05.2013.
304 "A lacuna se impõe como um problema crucial à teoria jurídica quando, historicamente, o ordenamento passa a ser tratado como sistema". Ferraz Jr., Tercio Sampaio. O problema das lacunas e a filosofia jurídica de Miguel Reale. In.: Ferraz Jr., Tercio Sampaio & Lafer, Celso (Orgs.). *Direito, política, filosofia e poesia*; estudos em homenagem ao Professor Miguel Reale no seu octogésimo aniversário. São Paulo: Saraiva, 1992, (pp. 271-279), p. 272.
305 Losano, Mario G. *Sistema e struttura nel diritto*. Volume I: dalle origini allá scuola storica.Torino: Giappichelli, 1968, p. 3.
306 Idem, p. XVIII.

A teoria de sistema atual finca suas raízes no final do século XVII e no desenrolar do século XVIII.[307]

O direito, entretanto, não é "um conjunto de verdades ligadas entre si e com seus princípios"[308] a indicar um *nexus veritatum*, pressupondo a correção e a perfeição formal da dedução.[309]

Embora possa ser concebido como emaranhado de disposições, o direito lida com questões distintas dos sistemas lógicos e éticos. Efetivamente, nas estruturações jurídicas, existe para o juiz a obrigação de julgar, a qual ele não pode se subtrair sem cometer denegação de direito.[310] Mesmo em estruturações jurídicas em que tal obrigação não esteja disposta em lei específica, a necessidade de julgamento deve se pressupor

---

307 Neste período, destacam-se as concessões místicas de sistema de Nicolas Malebranche e os significados de sistema apresentados por Gottfried Wilhelm Leibniz (Conferir excepcional exposição e análise das contribuições desses autores à teoria do sistema e as respectivas referências bibliográficas em *Idem*. pp. 57 a 72). Inspirado em Leibniz, Christian Wolff fundará a teoria do sistema, caracterizando-o na Lógica e na Ética.
308 "Systema enim dicitur veritatum inter se et cum princippiis suis connexarum congeries". Wolff, Christian. *Philosophia rationalis sive Logica; methodo scientifica pertractata et ad usum scientiarum et vitae aptata. Praemittitur discursus, praeliminaris de philosophia in genere*. 3. Auflage. Officina Libraria Regeriana, Frankfurt und Leipzig, 1740, p. 635 (§ 889).
309 Wolff, Christian. *Philosophia moralis sive Ethica; methodo scientifica pertractata. Pars prima, in qua agitur de intellectu et facultatibus ceteris cognoscendi in ministerium eius perficiendis, atque virtutibus intelectualibus*. Officina Libraria Regeriana. Halle, 1750, pp. 440 ss. (§ 285).
310 Perelman, Chaïm. Le problème des lacunes en droit, essai de synthèse. In: Perelman, Chaïm (Org.). *Le problème des lacunes en droit*. Bruxelles: Établissements Émile Bruylant, 1968, p. 538.

tacitamente, uma vez que se trata de algo intransponível, sem o qual não há direito. Logo, diante das inevitáveis insuficiências, só resta ao juiz preenchê-las.[311]

O juiz deve preencher as insuficiências; e, se aquilo com o que as falhas hão de ser preenchidas, necessariamente, também há de ser direito, pode-se então dizer, apenas, que a legislação possui lacunas e que o direito se afigura como totalidade.[312]

Outro engano lamentável consiste em pensar que o juiz, no exercício de sua função, possui dois deveres: o dever de sentenciar todos os casos e o dever de sentenciar sempre aplicando uma lei. Como não há leis regulando todos os casos, resta evidente a impossibilidade de se cumprir essa obrigação.[313] Por conseguinte, a tão propalada e por muitos desejada estrita legalidade também deve ser alvo de profundas e imprescindíveis reflexões.

Demandas cujo objeto não está regulamentado explicitamente por lei são intrínsecas ao processo de avanços tecnológicos ininterruptos. A atividade do judiciário vem se tornando mais expansiva, e exigindo um procedimento analítico de maior pro-atividade para solucionar litígios complexos.

---

[311] Perelman, C.. Le problème des lacunes en droit, essai de synthèse. In: Perelman, C. (Org.). *Le problème des lacunes en droit*, p. 538.
[312] Zitelmann, E. *Lücken im Recht*, p. 9.
[313] Donati, D. *Il problema delle lacune dell'ordinamento giuridico*, p. 176.

Mesmo diante de uma ação cujo objeto é incógnito, ao intérprete caberá sentenciar.

Surgem situações em que não há somente carência de legislação, mas também se desconhece a natureza do que está sendo julgado, dificultando ainda mais a busca de uma possível analogia compatível com o caso, ou mesmo um norte que conceda uma direção.

Em demandas judiciais que envolvem matéria biológica isso torna-se muito frequente, pois a ciência não traz verdades absolutas, mas opera sob um contínuo processo de pesquisa e de reavaliação de suas descobertas.

A incidência de processos de fecundação *in vitro* tornou-se frequente no Brasil mesmo diante da ausência de uma regulação legal sobre eles. Pode-se afirmar que, nesse âmbito, o aproveitamento das inovações científicas ocorre antes que o Estado emita seu parecer sobre a situação e lhes imponha uma norma jurídica, pois a ordenamento jamais será capaz de alcançar a velocidade com que se dimensionam os avanços nessa área.

A doação de óvulos é um procedimento sobre o qual não há regulamentação expressa no Brasil. De fato, não há sequer um consenso sobre como seria classificado o gameta para fins legais. Constitucionalmente, a mercantilização de órgãos, tecidos e substâncias humanas é proibida, porém, não há como enquadrar o gameta feminino em uma das categorias mencionadas. Outra menção legal ao óvulo consta na Lei n° 9.434 (lei de transplante de órgãos e tecidos), contudo ocorre não uma regulação, mas exclusão do óvulo da categoria de que trata a lei, inibindo qualquer vestígio do que poderia ser uma solução à disposição voluntária de tal célula. A única negação explícita à comercialização de gametas está em uma resolução publicada pelo Conselho Federal de Medicina, em 1992, onde se lê: "A doação nunca terá caráter lucrativo ou comercial; obrigatoriamente será mantido o sigilo sobre a identidade dos doadores de gametas; a escolha dos doadores é de responsabilidade da unidade". Desse modo, conclui-se, praticamente, pela inexistência de norma legal que trate da possibilidade ou não de venda da célula sexual feminina.

Percebe-se que a comercialização de óvulos tem obtido espaço no mercado mundial, sendo até mesmo permitida em certos países, como a Espanha. É uma alternativa para casais que não podem ter filhos ou para mulheres que optaram por não se submeter a uma gestação, porém, por ser uma operação um tanto complexa, são raras as mulheres que decidem, altruisticamente, doar seus óvulos.

Alguns especialistas brasileiros em processo reprodutivo condenam o modelo em que um indivíduo age como fornecedor de material biológico em troca de benefício financeiro, pois isso redundaria numa espécie de mercantilização do ser humano. Sob outro ponto de vista, não haveria meio de aproximar a oferta da demanda, nesse caso, pois nenhuma mulher se exporia aos riscos do processo para auxiliar pessoas com quem sequer possui algum vínculo.

No Brasil não há regulamentação sobre a alienação de célula sexual feminina, porém persiste uma lógica de *sacralização* do corpo humano que funciona como barreira à venda de óvulos, incidindo sobre tal conduta uma conotação antiética. Tal conclusão pode atingir certo nível paradoxal, visto que a lei permite comercialização de outros materiais biológicos de origem humana, como hormônios. Diante desses descompassos, as demandas que tenham como objeto a venda de óvulos serão resolvidas, caso a caso, mediante sentença, que atuará como fonte única criadora da norma jurídica.

A negação de que existam lacunas no direito não deveria partir da concepção de que a decisão deve encontrar o direito existente em alguma parte, mesmo na ausência de leis. O direito não se antepõe à decisão, mas a pressupõe. A decisão jurídica integra o direito. A decisão que preenche lacunas é jurídica não pelo fato de tentar "encontrar" o "direito" em "algum lugar" – um "direito escondido" que não foi "revelado" na maranha de disposições jurídicas, mas por ser ela própria constituidora do direito.

Decisões de maior complexidade muitas vezes requerem um juízo que ultrapassam o raciocínio jurídico e partem para reflexões de carga filosófica, ou continentes de matérias ligadas à vida e à condição humana. O judiciário age, então, não somente como operador do direito, mas como propulsor de uma resposta concreta a um caso naquele instante temporal, resposta essa que poderá ser rediscutida e mesmo transformada noutro momento.

Não há a certeza do momento exato em que ocorre o surgimento da vida – se já é possível falar em vida diante da implantação do zigoto no útero, ou se apenas com a formação do sistema cerebral, ou ainda, se a formação do zigoto já remete à vitalidade. A ciência não é ainda capaz de prover essa resposta, e nem há uma urgência declarada em fazê-lo. Ao direito, porém, cabe a obrigação de promover uma solução ao assunto caso ele seja trazido à apreciação do judiciário.

Foi submetida à apreciação do STF, com a ADI 3510, a possibilidade de desenvolverem-se pesquisas utilizando células-tronco embrionárias, Nela, questionava-se a inconstitucionalidade de tal linha de pesquisa, sob o fundamento de que violariam o direito à vida e à dignidade da pessoa humana. O Tribunal concluiu pela não violação a direitos fundamentais da técnica de estudo científico, declarando sua constitucionalidade.

Levantaram-se, ainda, pretensões sobre a necessidade de fiscalização ética sobre as pesquisas, além de outras ressalvas para sua liberação, o que não foi acolhido pela Corte.

A sustentação que possibilitou a realização das pesquisas considerou sua relevante utilidade no processo de cura para doenças, o que, concatenado com a obrigação de o Estado garantir o direito à saúde e com o *"espírito de sociedade fraternal"*, conforme depreende-se do voto do relator, tornariam tal linha de estudo compatível com a ordem jurídica nacional e por ela desejável.

Foi também objeto de reflexão o momento em que ocorre o início da vida humana. O ordenamento, segundo a ministra Ellen Gracie, considera pessoa aquele nascido com vida, além de conceder garantias também ao nascituro, condição na qual não se enquadraria o pré-embrião, "pois a este, a própria denominação o esclarece bem, se pressupõe a possibilidade, a probabilidade de vir a nascer, o que não acontece com esses embriões inviáveis ou destinados ao descarte".

No decorrer de seu voto, o ministro Lewandowski salienta a imprescindibilidade de se estabelecerem balizas para a atividade científica, pois "não é preciso (...) mergulhar profundamente no passado para listar os malefícios que decorreram do uso indevido ou equivocado da ciência (...). Basta lembrar as atrocidades cometidas nas duas Guerras

Mundiais, o efeito estufa motivado pela queima de combustíveis fósseis, a contaminação do solo, dos rios e dos oceanos fruto da industrialização desenfreada. (...) É por isso que incumbe aos homens, enquanto seres racionais e morais, sobretudo nesse estágio de evolução da humanidade, em que a própria vida no planeta se encontra ameaçada, estabelecer os limites éticos e jurídicos à atuação da ciência e da tecnologia."

Tais pesquisas com células embrionárias não podem ser substituídas por outras linhas, o que engradeceria a necessidade de seu prosseguimento. Em países como Bélgica, Espanha e Suécia é possível sua realização, contanto que sejam respeitadas algumas restrições, como o uso destinado ao bem coletivo, a inviabilidade dos embriões à vida e sua proveniência de processos de fertilização *in vitro*, além do consentimento dos genitores.

Desfazer-se de material biológico que poderia ser utilizado para a descoberta de terapias eficazes para a recuperação da saúde de vários indivíduos, porém, é que corresponderia a uma afronta aos direitos fundamentais à vida e à saúde, e à propagação de uma sociedade fraterna. Observa o ministro Marco Aurélio, "jogar no lixo embriões descartados para a reprodução humana seria um gesto de egoísmo e uma grande cegueira, quando eles podem ser usados para curar doenças"[814].

A decisão não superou as incertezas inerentes ao tema discutido – e nem lhe cabe essa função – mas, a partir do conhecimento disponível, analisado sob a perspectiva das normas fundamentais que regem o ordenamento jurídico, criou a norma para a demanda.

Muitos creem que, na presença de lei expressa regulando o caso em exame, incumbe ao juiz somente o papel de aplicá-la ao caso. Se, porém, fosse realmente assim, não se estaria ante um processo decisório, mas sim perante um processo dedutivo. Não se trataria de uma decisão jurídica, mas de simples subsunção lógica do caso à lei.[315] Todavia, a interpretação pura e simples, isto é, nos casos em que não há lacunas, só difere da interpretação integradora, extensiva ou analógica em grau[316] de dificuldade, pois o modo de interpretar continua o mesmo, ou seja, será decisório.

Os esforços teóricos para se explicar o problema da incompletude no direito foram amplos. A maioria deles, porém, mostra-se equivocada ao entender o direito como algo anterior ao processo decisório ou, o que dá no mesmo, ao confundi-lo

---

314 Decisão do Tribunal Pleno do STF em 29/05/2008, publicada no DJe nº 96 em 28/06/2010.
315 Segundo Walther Burckhardt, supressão de lacunas e interpretação são, em lógica pura, termos idênticos. Burckhardt, Walther. *Methode und System des Rechts*. Zürich: Polygraphischer Verlag, 1936, p. 280.
316 Em sentido semelhante, conferir Burckhardt, Walther. *Die Lücken des Gesetzes und die Gesetzesauslegung*. Bern: Stämpfli, 1925.

com o aparato de disposições jurídicas que serve de orientação aos magistrados. Não bastasse, deixam de percebê-lo em sua dinamicidade, isto é, em sua constante transformação. Não percebem a diferença existente entre legislação e direito. Tomam o direito por legislação, como se direito e legislação fossem equivalentes.

O direito não é algo construído (estrutura estática de leis), mas uma construção permanente em que a decisão judiciária representa importante etapa (do processo).

Uma das teorias mais difundidas acerca do problema da plenitude no direito – a teoria do espaço não jurídico – peca, sobretudo, ao entender o direito (o juridicamente regulado) como uma limitação à livre atividade humana.

A teoria do espaço não jurídico vê no direito um instrumento de restrição da liberdade de ação das pessoas, isto é, um instrumento de pressão, quando, na realidade, o direito corresponde a um instrumento de julgamento (juízo).[317]

Além disso, pregam a limitação do juiz à subsunção, isto é, o juiz teria de automaticamente negar toda pretensão não sustentada em um preceito legal determinado[318], reduzindo,

---

[317] "*Le droit n'est pas un instrument de pression; il est **un instrument de jugement***". "*Ce qu'on appelle "le Droit" se présente, en d'autres termes, sous la forme d'**instrumentes syntactiques de jugement**, de normes objectivées en langage*". "*Toute norme juridique est une proposition du langage, un **instrument syntactique de jugement**"*. Amselek, P. *Méthode phénoménologique et théorie du droit*, pp. 275, 63-64 e 66.

assim, o direito ao juridicamente regulado. Constitui enorme equívoco, porém, esse fetiche legalista de **achar que o não juridicamente regulado equivale ao juridicamente irrelevante.**

As frequentes transformações sociais, mormente na era da globalização, ocorrem em velocidade nunca dantes imaginada. As revoluções tecnológicas e comunicacionais, ocorridas na era da informação, deixariam deslumbrados mesmo os mais entusiastas dos futurismos e dos avanços científicos.

A mutabilidade constante alastra-se por todas as áreas da convivência social. A humanidade, ao mesmo tempo em que admira os adventos dessa nova época, impacienta-se diante de sua fluidez.

Os seres humanos encontram-se inseridos em uma relação paradoxal de impotência e plenipotência. O homem pode fazer tudo, mas não pode fazer nada ante essa possibilidade. A globalização parece guardar evidente liame com a ausência de limites.[319]

Em um mundo globalizado as barreiras são rompidas. O

---

318 Bergbohm, Karl. *Jurisprudenz und Rechtsphilosophie*. I. Leipzig: Verlag von Duncker, 1892, pp. 372 e ss.
319 Não é custoso lembrar que a noção de limitação era imanente no conceito romano de liberdade. Schultz, Fritz. *Prinzipien des römischen Rechts*. Berlin: Duncker & Humblot, 2003, p. 95.

homem, porém, percebe-se limitado diante da impossibilidade de impor limites a essa *ausência de limitação*. Neste contexto, não é de se admirar surgirem questões jurídicas de suma importância e que, todavia, não foram juridicamente reguladas.

Como lidar juridicamente, por exemplo, com a veiculação de informações pessoais divulgadas na rede mundial de computadores? Ou será que deveremos considerar tal situação como juridicamente irrelevante só pelo fato de não possuir previsão legal expressa para ela?

O Estado juiz deverá sempre elaborar a solução ao caso que é levado até sua apreciação, seja qual for o nível de complexidade em resolvê-lo. A solução ao litígio é direito subjetivo essencial para garantir um mínimo de segurança jurídica num momento em que novas fontes propulsoras de conflitos surgem aceleradamente.

O processo de informatização é, e exponencialmente continuará sendo, gerador de inúmeras novas demandas de interesse jurídico. As ferramentas e usos de sistemas informatizados são alvo de incessantes estudos, o que os insere num estado de constante evolução e readaptação, ou mesmo obsolescência e substituição.

As condutas ilícitas executadas no meio cibernético constituem uma nova categoria de crime, e podem estar conexas a outros ilícitos já tipificados, como os tipos extorsão, calúnia, difamação, injúria, fraude, chantagem e furto. O meio virtual pode ser utilizado, então, como ferramenta para a prática de outra conduta, ou para a execução de uma atividade danosa à própria rede de computadores, como no caso da sabotagem ou perturbação dos serviços telemáticos (queda de servidores).

Os cibercrimes de maior ocorrência são os que atentam contra o patrimônio, o que significa uma aproximação do meio virtual com o mundo real. A indesejável distinção é que a atuação por meio da rede internacional de processamento de dados tende a ser mais sutil e ardilosa do que no modo tradicional, devido, justamente, à continuidade de alterações acrescidas aos sistemas virtuais.

Projetos de lei regulamentando as condutas praticadas em ambiente virtual têm ingressado no ordenamento jurídico brasileiro desde a década de 90. Em 2012, foi sancionada a Lei n°. 12.737, que tipifica delitos informáticos ligados à lesão ao direito constitucional da privacidade, gênero do qual são espécies a intimidade e a vida privada. O dispositivo legal trata, especificamente, de invasão de computador alheio.

O núcleo do tipo é "invadir", isto é, devassar dispositivo informático alheio e que esteja protegido por mecanismo de segurança, com a intenção de obter, alterar, destruir dados ou instalar uma vulnerabilidade para obter vantagem ilícita, o que pode ocorrer durante conexão ou não à internet. Abrange a categoria de dispositivo informático o equipamento físico, denominado *hardware*, como o computador, HD externo, *smarthphone*, *tablet*, etc. Crime formal, basta a conduta da invasão, independente do alcance do resultado pretendido.

A lei exclui de sua proteção a violação que ocorrer a dispositivo em que não haja sistema de proteção, como senha, antivírus ou *firewall*. Falha o dispositivo legal, pois a lesão ao direito à privacidade ocorre de igual modo, porém deixa, nesses casos, de ser criminalizada.

A lei foi aprovada em meio a uma situação de repercussão nacional envolvendo a divulgação de material íntimo na rede, e, assim, exemplo de direito penal de emergência, contém certos aspectos sobre os quais seria essencial uma maior discussão e detalhamento.

Acabam-se por incriminar alguns profissionais do ramo da tecnologia da informação que desenvolvem *software* cuja finalidade é tentar invadir os sistemas de empresas, com o intuito de testar a segurança da rede. A redação da lei quanto a esse ponto não foi bem elaborada, porém é possível distinguir a atividade ilícita da profissional de acordo com o objetivo a que se presta. Segundo explica juiz do TRF da 1ª região, em tais situações (no caso dos criadores de programas para testes de segurança), não haverá crime considerando que o objetivo não é o de obter, adulterar ou destruir dados ou informações sem autorização expressa ou tácita do titular, havendo o intuito acadêmico, docente ou de melhorar a segurança das redes empresariais, descobrindo as brechas existentes. O fato poderia ser considerado atípico, portanto, por faltar o elemento subjetivo do injusto.

Não é admissível acreditar que, na ausência de regulação jurídica específica, está-se diante da ausência do próprio direito. Nos casos de ausência de previsão legal expressa permanece a obrigação do juiz de sentenciar[320], entretanto, não necessariamente se valendo de uma lei[321], pois poderá decidir por via da analogia ou de qualquer outra forma de argumentação.[322]

Quem já esteve em contato com a atividade judiciária sabe que nem todas as situações se encontram previamente reguladas e ante o surgimento de uma demanda judiciária é bem pouco o que de antemão se pode constatar.[323] Com a criação de

---

320 García Máynez, Eduardo. *Introducción al estudio del derecho*. 29ª edición revisada. México: Porrua, 1978, p. 366.
321 Donati, Donato. *Il problema delle lacune dell'ordinamento giuridico*. Milano: Società Editrice Libraria, 1910, p. 176.
322 Máynez, E. G. *Introducción al estudio del derecho*, p. 366. Ver também Zitelmann, E. *Lücken im Recht*, p. 32.
323 Cohn, Georg. *Existenzialismus und Rechtswissenschaft*. Basel: Helbing & Lichtenhahn, 1955, pp. 150 e ss. "O ato jurisdicional que tira regra nova para o caso *sub judice*, que elabora o dever ser concreto para a situação concreta, nem sempre encontra no sistema a regra geral, onde o fato individual está previsto, como fato-espécie. Se o juiz deixar de julgar, alegando inexistência de norma para o caso, o sistema será, para o caso, incompleto. O sistema vai se completando por meio da decisão jurisdicional

uma norma específica àquele caso em julgamento, pode-se afirmar, portanto, que **as decisões jurídicas são produtoras de direito**.

---

integrativa. Por isso, não se tem de dar como pressuposto para o dever-de-julgar a existência de norma geral prévia, dentro da qual o caso já se inclua, como o individual dentro da extensão do conceito genérico. O juiz não tem o indeclinável dever-de-julgar porque o sistema já é completo, mas o sistema é completável, se o juiz deve julgar qualquer conflito de interesse que chegue processualmente ao seu conhecimento". Vilanova, Lourival. *As estruturas lógicas e o sistema de direito positivo*. São Paulo: Revista dos Tribunais, 1977, pp. 178 e 179.

8. A CONSISTÊNCIA DO DIREITO.

Há casos levados à tutela jurisdicional para os quais não há dispositivos jurídicos que indiquem expressamente possíveis resoluções. Quando existem, tais dispositivos fornecem múltiplos parâmetros para que uma decisão seja emitida, compondo diversas perspectivas sobre as quais o julgados pode atentar.

Ante a pluralidade de disposições jurídicas propondo diversas resoluções para as querelas judiciárias, alguma(s) dela(s) deve(m) ser preferível(is) às demais ou, então, dispensáveis. Os dispositivos normativos, em sentido figurado, "concorrem entre si" pela preferência do julgador. Ele deverá optar, diante de determinada contenda, por um deles ou por mais de um ou, ainda, rejeitá-los.[324] Uma ou mais disposições será(ão) escolhida(s) em detrimento de outra(s) ou, então, rechaçadas, para a obtenção do *decisum* da demanda em questão.

Essa escolha jurídica, porém, ultrapassa os critérios propostos para a interpretação de normas, especialmente diante de conflitos de grande repercussão. Nesses casos, a escolha do

---

324 "Perante o caso concreto, pode concluir-se que ao caso são aplicáveis várias regras; como pode concluir-se que não é aplicável regra nenhuma". Ascensão, José de Oliveira. *O direito*; introdução e teoria geral. 2ª edição brasileira; revista, atualizada e ampliada. Rio de Janeiro: Renovar, 2001, p. 572.

julgador adquire o poder de transformar realidades complexas e em níveis de abrangência muito altos, o que requer uma análise envolvente de diversas questões sociais, políticas e econômicas.

A liberdade de expressão, por exemplo, tem sido usada como argumento por aqueles que defendem a faculdade de discutir as políticas sobre drogas vigentes no Brasil – a Marcha da Maconha, enquanto os condenadores desse movimento alegam a existência de um nítido caráter criminoso na atividade, pois estaria tipificado como apologia ao crime.

Hierarquicamente, a apologia ao crime, cuja presença é visível somente no código penal, seria norma inferior à da liberdade de expressão, que é consagrada tanto pelo dispositivo constitucional como por tratados internacionais. Faz parte, assim, da listagem de direitos globalmente venerados, enquanto a figura típica da apologia é mero signo da política penal brasileira.

A problemática, contudo, não é resolúvel a partir de critérios tão rasos e simplórios. Mais do que pensar sobre a hierarquia (insuficiente, porém ainda válida), deve-se atentar ao conteúdo das normas em embate. A apologia é o discurso para justificar, louvar ou defender uma conduta. No caso expresso pelo código penal, criminaliza-se a apologia, exercida publicamente, a uma conduta ilícita ou a um autor de crime. Como ponto de partida, então, é preciso refletir se o movimento Marcha da Maconha enquadra-se nesse dispositivo penal.

O debate no Supremo Tribunal Federal, em 2011, que se encerrou emitindo parecer favorável às Marchas no Brasil, fomentou, finalmente, análises e indagações de maior sensatez sobre o tema, e gerou uma repercussão nacional. O núcleo do pensamento que viabilizou tal parecer do STF concentra-se no fato de que o mote do movimento é a discussão sobre a política pública diante das drogas e a hipótese da legalização. Conforme voto do Ministro e relator do caso Celso de Mello, acompanhado por grande parte dos membros da Corte, a Marcha teria como fim trazer "a possibilidade de discussão democrática do modelo proibicionista e dos efeitos que esse modelo produziu em termos de violência".

Trata-se de um evento popular, organizado de forma descentralizada e espontânea, cujo mote é a criação de uma atmosfera propícia ao debate pacífico e consciente sobre a política proibicionista da existência das drogas no meio social brasileiro. Discutem-se possíveis reformas nas leis e políticas públicas direcionadas às drogas, de modo a pensar soluções compatíveis com o direito à cidadania e com os direitos humanos, num espaço construído a partir do pensamento democrático e livre.

De fato, os cenários político e social brasileiros

comprimiram-se diante de debates reais acerca desse assunto. Por ser semeadouro das mais distintas formas de controvérsia, um debate nacional acerca da questão das drogas tem sido evitado durante décadas, por mais inegável que seja a existência do mercado de entorpecentes e de seus inúmeros participantes.

Desde o início do combate mundial às drogas (século XX), somente restaram, no grande âmbito midiático e informativo, argumentos de cunho proibicionista – em geral, dotados de extremo radicalismo e pouco conhecimento fático acerca do assunto. Impossível, assim, uma análise imparcial sobre a política sobre drogas, pois diante da prevalência de somente um discurso, incorporou-se ao pensamento da sociedade uma espécie de senso comum combatente e intolerante à droga. Diante desse quadro intelectual, os formuladores da política brasileira também se viam impedidos de reavaliar a rigidez do sistema nesse aspecto, pois qualquer abrandamento resultaria em um choque para a sociedade, cujo parecer sobre as drogas mostrava-se (e ainda se mostra) inflexível ante qualquer amenização no rigor punitivo.

Essa análise fatual e histórica da trajetória da política sobre drogas permite refletir que o momento em que a discussão ocorre tem o poder de pendular quais serão os argumentos que resistirão em determinado momento da vivência humana. Numa das edições Diário Pernambucano de

1910, em época próxima ao Carnaval, havia diversas páginas ocupadas com anúncios do entorpecente vulgarmente conhecido por "lança-perfume", sem qualquer restrição; de igual modo, ouviam-se, nas rádios, diversos sambas fazendo *apologia* ao uso de diversas formas de tóxicos hoje ilícitos, sem que as forças governamentais pensassem em censura, condenação, proibição. Outros tempos. Décadas mais tarde, nos Estados Unidos,[325] começaria um movimento global não só de combate como de estigmatização máxima das drogas. O discurso mundial transformou-se, moldou-se a outra realidade. E agora, mais uma vez, vivemos o ápice de sua rediscussão. Em cada um desses três momentos, um rol distinto de pensamentos floresceriam sobre o tema: no início do século XX, tal tópico

---

325 A ideia do "contra" merece uma última análise: até que ponto o discurso antidroga não satisfaz a uma antiga, mas sempre viva necessidade dos detentores de poder, aquela de precisar de um inimigo - se não externo, então interno à sociedade...? Afinal, a atual onda de intolerância diante das drogas iniciou-se nos Estados Unidos após a derrota no Vietnam, onde os narcóticos, em particular os opiáceos, tinham um papel não desprezível, devidamente apontado pelos defensores da glória militar americana. A potencialidade "explicativa" da inculpação das substâncias psicoativas ilícitas foi sem dúvida realçada com o desaparecimento do grande inimigo externo, o comunismo e seus poderes militares. Bucher, R. e Oliveira, S. "The discourse of the 'fight against drugs' and its ideologies". *Revista Saúde Pública*, 28, 1994, p. 145. Disponível em: http://www.scielo.br/pdf/rsp/v28n2/08.pdf. Acesso em 27.05.2013. No mesmo sentido, "em sintonia com o modelo internacional de combate às drogas, capitaneado pelos Estados Unidos, o Brasil desenvolve ações de combate e punição para reprimir o tráfico.", retirado de: http://www.senado.gov.br/noticias/Jornal/emdiscussao/dependencia-quimica/iniciativas-do-governo-no-combate-as-drogas/historia-do-combate-as-drogas-no-brasil.aspx (acesso em 27.05.2013).

sequer fora tocado pela abrangência da esfera jurídica. Já durante a metade do mesmo século, o Direito passa a preocupar-se com a disseminação das drogas. E então, no século XIX, vivencia-se um momento em que é possível, e quase inevitável, a discussão e o questionamento. O tratamento jurídico referente à questão das drogas, esculpido conforme o instante intelectual sentido pela sociedade global, caminha para um tratamento menos provido de posições passionais. E não como um eterno retorno ao ano 1910, pois o Direito, assim como o instante da humanidade, jamais volta a ser o que já fora: persiste sempre em *tornar-se*.

A legislação positivada jamais estenderá seu alcance a todas as demandas – despontadas e transmutadas a cada instante de convivência social. O direito, contudo, existe sem lacunas: é um sistema de engrenagens reconfiguráveis e passível de infinitas recombinações. A ausência de uma norma é suprida pelo espírito que forma todo o arcabouço jurídico de um Estado. A lacuna preenche-se por meio de interpretações e reformulações da dogmática existente, que é amoldada à necessidade do julgador.

Não há norma, por exemplo, que discipline o passo a ser tomado diante de um pedido de registro de uma criança em nome de duas pessoas de mesma identidade sexual. A situação, porém, é juridicamente relevante e deve ser resolvida a partir do sistema jurídico existente. O judiciário analisará, balizado pelas normas positivadas, qual teria aplicabilidade semelhante, em coerência com os princípios basilares da sistemática jurídica. A negação de resposta a essa demanda representaria uma lesão omissiva aos direitos humanos do recém-nascido e ainda retiraria a proteção jurídica parental em registrar um filho em seu nome, simplesmente por se tratar de uma situação ainda incomum no meio social. Se todos os requisitos para o registro estão presentes, não há como justificar que o fato de ambos os pais (ou mães) serem do mesmo sexo impeça o direito de ser exercido.

Um caso paulista que apresentou demanda nesse sentido, envolvendo uma dupla de mães que desejava obter registro de seus filhos, foi resolvido a partir de reflexões sobre a tutela ao direito fundamental à identidade, e também a partir de uma analogia remetente à possibilidade de pessoas de orientação homoafetiva adotarem filhos. Argumentou o juiz responsável pela solução do caso: "...no caso em exame, recusar o registro da mãe biológica e blindar os termos para impedir que os gêmeos tenham duas mães, traduziria prorrogar o caso, que, certamente, seria sanado com adoção, o que não se concebe, conforme já sinalizado, na consideração de que F. é a que contribuiu geneticamente para a fertilização". A duplicidade em relação às mães, na forma almejada, não constitui óbice registrário, tanto que vários são os precedentes admitindo adoção por pessoas com orientação homossexual. E, ainda, quanto aos direitos fundamentais das crianças em questão: "Em suma, evidenciado o vínculo de filiação, como sucede na hipótese vertente em relação à genitora F. B., em respeito ao direito *fundamental* à identidade, forçoso é convir que o pedido de inserção deduzido a fls. 152/153 restabelecerá a realidade registrária e comporta deferimento".

O julgador cria uma nova aplicação do direito já existente a um caso que aparentemente não teria desfecho juridicamente válido. O direito torna-se o que a necessidade dele exige, por meio da reflexão pensada pelo seu aplicador.

8. 1. Consistência e disposições especificamente incompatíveis.

A designada "concorrência" entre disposições jurídicas simboliza algo que acontece **geralmente**, mas pode também ocorrer **especificamente**, quando uma disposição jurídica não só entra na "corrida de preferências" com as demais, mas "confronta diretamente" outra (de mesmo nível, mesma abrangência e contemporânea), por imputar "efeitos jurídicos incompatíveis às mesmas condições factuais".[326]

---

326 Ross, Alf Niels Christian. *Om ret og retfærdighed*. København: Nyt

Havendo estipulações legislativas pertencentes a uma mesma estruturação jurídica, contemporâneas, dispostas em idêntico diploma legal e propondo soluções diversas dada a ocorrência de uma situação específica – caberá ao julgador[327], nas pendências judiciárias, a solução dos conflitos confiados ao seu discernimento e à sua discricionariedade.[328]

As contínuas divergências quanto à construção de uma solução jurídica para as demandas por vezes adquirem o poder de concentrar julgamentos de extrema profundidade em questões de relevância secundária, como aspectos de mera interpretação normativa – técnica criada para solução de aparentes contradições surgidas no ordenamento.

Mesmo diante do polêmico julgamento dos partícipes do mensalão – talvez um marco para a luta contra a corrupção no Brasil, – presenciou-se certo desvio de foco temático para se discutir a quem caberia a competência decisória quanto à cassação dos mandatos dos parlamentares condenados. O embate argumentativo residiu em um suposto choque entre os artigos 15 e 55 da Constituição, ambos direcionados a situações envolvendo improbidade administrativa cometida por

---

Nordisk Forlag Arnold Busck, 1953. Citado da tradução para o português de Edson Bini. *Direito e Justiça*. Bauru: Edipro, 2003, p. 158.
327 García Máynez, Eduardo. *Introducción a la lógica jurídica*. México y Buenos Aires: Fondo de Cultura Económica, 1951, p. 54.
328 García Máynez, Eduardo. *Introducción a la lógica jurídica*. México y Buenos Aires: Fondo de Cultura Económica, 1951, p. 53.

congressistas. O STF, ao julgar as infrações, teria trazido para si também a competência para decidir sobre a perda de mandato dos acusados, que ainda discutem a questão judicialmente. A linha de pensamento que defende que o STF age em desconformidade com a CF, levantada pelo relator da Ação Penal 470 (mensalão), Min. Lewandowski, afirma que o art. 55 traria uma exceção ao disposto no art. 15 da CF. Assim, a decisão sobre cassação de mandato de parlamentares seria matéria de entendimento exclusivo das Casas do Congresso, excluindo a possibilidade de perda automática do mandato apontada pelo art. 15. A discussão centralizou-se no aspecto interpretativo da norma: o critério da especificidade seria o infalível método de solução do impasse.

Conforme a corrente defendida pelo ex-presidente da Câmara, Marco Maia, a cassação de mandatos teria natureza política, e sua imposição não caberia ao âmbito judiciário, pois comprometeria o princípio dos freios e contrapesos e a separação de poderes, consagrados no ideal constitucionalista. Mais do que isso, turvaria o exercício da soberania popular, já que se estaria retirando o poder daqueles a quem a população elegeu legitimamente. O judiciário deveria abster-se, portanto, de decisão de tamanha carga política, para que se conservasse a tripartição dos poderes e a ordem constitucional – *"só vota quem tem voto"*, segundo o parecer do representante da Câmara. Assim, ao judiciário caberia o julgamento dos crimes políticos cometidos pelos parlamentares e, às Casas do Congresso, a decisão sobre a cassação dos respectivos mandatos.

Tal análise expressa uma linha de pensamento bastante centrada na ideia de uma ordem jurídica estável e previsível, já que bastaria a aplicação de um critério interpretativo para que a discrepância fosse sanada – no caso, o critério da especificidade. Sob uma imóvel perspectiva lógico interpretativa, excluem-se da inteligência outros aspectos componentes do processo formativo da decisão jurídica, como seus efeitos, sua coerência com os cenários político e social vividos, e a fluência com as constantes readaptações das disposições normativas.

O processo analítico do STF sobre tal dissonância lançou-se a propor dinamicidade à interpretação jurídica. Segundo o min. Celso de Mello, a decisão pela condenação automática em casos de crimes envolvendo improbidade administrativa prestigia "valores fundamentais que se expressam na ideia de ética pública e moralidade. Não se pode vislumbrar o exercício do mandato parlamentar por aquele cujos direitos políticos estejam suspensos. [...] Não faria sentido que alguém privado da cidadania pudesse exercer o mandato parlamentar". Caberia, então, às Casas Legislativas, decidir somente sobre outras questões, ou quando a pena imposta não ultrapassasse quatro anos.

Nesse entendimento, "a ideia é, ao contrário, que democracia constitui um requisito da expansão do poder judicial. Nesse sentido, a transformação da jurisdição constitucional em parte integrante do processo de formulação de políticas públicas deve ser vista como um desdobramento das democracias contemporâneas. A judicialização da política ocorre porque os tribunais são chamados a se pronunciar onde o funcionamento do Legislativo e do Executivo mostram-se falhos, insuficientes ou insatisfatórios.[5]

As inviolabilidades e prerrogativas possuídas pelos parlamentares são garantias advindas do século XVII, época em que o parlamento britânico visualizou a necessidade de ver-se protegido de possíveis arbitrariedades da Coroa inglesa. Hoje, discute-se qual o limite para tal armadura legal. É inegável a necessidade de tais mecanismos protetivos, porém qual o grau de densidade adequado?

Conforme pronunciado no voto do revisor da AP 470, não se trata de uma proteção dirigida aos parlamentares, mas à representação que passaram a exercer por meio da voz da soberania popular. Assim sendo, não haveria risco de fragilização do poder Legislativo, cuja intangibilidade torna-se

---

5 Castro, Marcos Faro. O Supremo Tribunal Federal e a Judicialização da Política. Disponível no site da ANPOCS em http://www.anpocs.org.br/portal/publicacoes/rbcs_00_34/rbcs34_09, acesso em 27.05.2013.

vulnerável diante de hipóteses previstas na Constituição, como no art. 55.

8.2. Consistência e Judicatura.

Não há situações claras no direito. Não existem casos passíveis de resolução pelo método lógico dedutível. A ocorrência de um suporte fático previsto no ordenamento jurídico não autoriza a auto incidência dos preceitos legais reguladores das situações fáticas prescritas. A decisão envolve escolha. Caso fosse dedutível, uma discussão entre as partes não seria necessária, tampouco a instauração de um procedimento em contraditório visando à solução de controvérsias. Seria óbvio, desde logo, quem era o detentor do direito e aferi-lo não seria – nada mais, nada menos – que empreender uma simples subsunção.

Os ditames legais integradores da estruturação jurídica, ao se apresentarem como alternativas para a resolução do litígio "concorrem entre si". A noção de que haja casos infensos ao processo decisório é falsa. **Eles requerem atividade deliberativa**. Conclusões silogísticas, em que não haveria "concorrência" de disposições jurídicas para resolvê-los, não configuram uma realidade. As ideias de que entre a previsão legal e a consequência jurídica existe "um específico vínculo de necessidade, criado pelo legislador", que este não pode ser concebido de outro modo "senão por analogia com a causalidade natural"[329] e que esta seria a "causalidade própria do jurídico, criada pelos homens inteiramente por analogia com a causalidade natural"[330] devem ser fortemente repugnadas por não encontrarem respaldo na realidade.

Caso somente uma proposição jurídica fosse aplicável ao caso, a decisão não seria uma "adequação" do suporte fático a ela, mas sim dedução. Estar-se-ia diante de **evidência** e não perante situação que requeira análise, interpretação e tomada de decisão.[331] Nos casos em que a regulação parece explícita, ela vive com a eventualidade de o julgador não aplicá-la, por exemplo, na situação de uma absolvição. Conflita, ainda, com a possibilidade de opção contrariando essa regulação (*contra legem*) ou preenchendo a ausência de regulação (*praeter legem*) ou complementando (indo além da, ultrapassando) a regulação (*ultra legem*).

As disposições não recaem diretamente sobre o suporte fático a ser interpretado pelo julgador. Logo, não se pode prescindir da ocorrência de uma decisão. A própria existência

---

[329] Zitelmann, Ernst. *Irrtum und Rechtsgeschäft*; Eine psychologisch-juristische Untersuchung. Leipzig: Duncker & Humblot, 1879, pp. 215-216.
[330] Idem, p. 221.
[331] Isay, Hermann. *Rechtsnorm und Entscheidung*. Berlin: Franz Vahlen, 1929, p. 4.

ou não de preceitos legislativos expressos, indicando possível resolução da ação movida judicialmente, não é questão **dada**, mas **construída** interpretativamente e, ademais, "só o caminho da interpretação pode chegar ao convencimento de que os preceitos jurídicos são incompatíveis".[332]

Não há incidência automática de dispositivos jurídicos sobre casos pretensamente regulados. A incidência (ou não) é fruto de ponderação hermenêutica, ou melhor, do processo decisório. Caso contrário, não existiria necessidade de uma decisão para saber qual disposição deve ser utilizada para resolver o feito judicial ou se há alguma utilizável ou, ainda, se nenhuma deve ser usada.

A aparente oposição recíproca entre as normas que regulamentam o julgamento de crimes envolvendo parlamentares pode, então ser entendida a partir de uma análise sobre o objeto a que cada uma se destina, conforme relata o acórdão do STF proferido sobre a AP do mensalão. Haveria uma diferenciação entre os direitos políticos individuais, exercidos pelos cidadãos (art. 15), e as prerrogativas parlamentares (art. 55). A conclusão seria, nas palavras do ministro Ricardo Lewandowski, "que o mandato não se confunde com o direito político que o fundamenta". Ademais, nada há na Constituição que define o mandato como direito

---

332 García Máynez, E. *Introducción a la lógica jurídica*, pp. 54 e 55.

político latente, subjetivo.

Sendo assim, e considerando que a atividade de interpretar os enunciados normativos, produzidos pelo legislador, está incumbida constitucionalmente ao Poder Judiciário, seu intérprete oficial, podemos afirmar, em paráfrase doutrinária, que o conteúdo da norma não é, necessariamente, aquele sugerido pela doutrina, juristas ou advogados, e nem mesmo o que foi imaginado ou querido em seu processo de formação pelo legislador originário; **o conteúdo da norma é aquele, e tão somente aquele, que o Poder Judiciário diz que é.** Mais especificamente, conforme os enunciados constitucionais, "a Constituição é aquilo que o STF, seu intérprete e guardião, diz que é. As leis federais são aquilo que o STJ, seu guardião e intérprete constitucional, diz que são."[333]

"O direito é uma prudência, no âmbito da qual não se encontram respostas exatas, senão uma multiplicidade de respostas. A Constituição diz o que nós, juízes desta Corte, dizemos que ela diz. Nós transformamos em normas o texto escrito da Constituição. Nós, aqui neste Tribunal, nós produzimos as normas que compõem a Constituição do Brasil hoje, agora. Nós é que, em derradeira instância, damos vida à Constituição, vivificamos a Constituição. E ela será do tamanho

---

[333] AI nos EREsp 644736/PE, Rel. Ministro Teori Albino Zavascki, Corte Especial, julgado em 06/06/2007, DJ 27/08/2007, p. 170.

que a ela atribuirmos na amplitude dos nossos juízos."[334]

O foco para onde se dirige a preocupação jurídica não permanece estável – desloca-se conforme o fluxo do pensamento vigente em cada modelo social. Isso é perceptível em inumeráveis exemplos da manifestação jurídica ao longo dos séculos. As demandas e a proteção jurídica são distintas em cada momento, pois a estruturação social transforma-se e o direito acompanha, a passos lentos, essas conversões.

No século XIX, persistia uma obstinada indução a preservar o modelo familiar matrimonializado, patriarcal e hierarquizado. Devido a tal modelo social ter como base esse estereótipo familiar, os legisladores da época almejavam preservar o núcleo familiar como tal, desincentivando condutas que pudessem fragilizá-lo. Tratava-se de uma tutela transpessoal, pois ignoravam-se aspectos de realizações pessoais e mesmo do próprio indivíduo em prol da garantia de indissociabilidade da família.

Atualmente, em vigor novo padrão de convivência social, a prioridade do direito tem-se voltado a fatores como o afeto e as aspirações existenciais do indivíduo, o que comprova uma realidade jurídica em constante mutação.

Quando o ministro Celso de Mello apresenta os

---

334 Ministro Eros Grau em voto-vista na Questão de Ordem em Reclamação 4219-7/SP, Rel. Min. Joaquim Barbosa, p. 12.

fundamentos base de seu voto no julgamento do mensalão, nota-se que há uma dissonância entre aquilo que ele considera como prioridade legal e o acreditado pelos ministros que acompanham a vertente intelectual do revisor Lewandowski. Mello destaca aspectos inerentes à gravidade da corrupção e sua incompatibilidade com a concepção de República, a proteção a valores fundamentais e o global desejo de frear a atividade corruptiva, pois, conforme seu voto, "a corrupção deforma o sentido republicano de prática política, afeta a integridade dos valores que informam e dão significado à própria ideia de República, frustra a consolidação das Instituições, compromete a execução de políticas públicas em áreas sensíveis como as da saúde, da educação, da segurança pública e do próprio desenvolvimento do País, além de vulnerar o próprio princípio democrático." Para ele, a construção jurídica deve se efetivar, então, sob harmônica contemplação dos objetivos do Estado em garantir os direitos fundamentais.

Já a linha traçada por Lewandowski sugere uma perspectiva mais focada na observância de aspectos legalistas e processuais, o que também não deixa de ser um meio encontrado para conservar certa ideia de ordem jurídica. A excepcionalidade que, segundo ele, há para o modo de julgamento de congressistas existe para assegurar a proteção, como já dito, daqueles que exercem a representação popular.

Ambos os modos de se pensar o direito partem de uma **análise casuística**, para então dar início à edificação daquilo que corresponderá à norma jurídica, no sentido de que não há direito previamente constituído, somente enunciados normativos balizadores e norteadores da tutela estatal, à disposição do julgador.

A coincidência da situação hipotética prevista no ditame legal com a realidade, justificando sua aplicação sobre os suportes fáticos, além de não se realizar por meios puramente mecânicos, não guarda necessária relação com o eventual acontecimento gerador do processo judiciário. Isso ocorre nas condenações de inocentes. Nessas situações, há nitidamente incidência das disposições jurídicas, contudo, o fato sequer aconteceu. O direito é uma construção judicante. Sua manifestação não se dá de forma independente da intervenção consciente da vontade, mas é construída em uma engrenagem de arranjos e rearranjos, sujeita, como qualquer obra humana, a equívocos. Os disparates na formação do direito são menos raros do que frequentemente se acredita.

Na estruturação do direito a judicatura deve, portanto, ser considerada. A questão da consistência jurídica, isto é, a existência ou não de antinomias no âmbito do direito, deve ser precedida por uma pergunta fundamental; pode se dizer que o emaranhando jurídico permanentemente construído "comporta antinomias após a intervenção do Juiz?"³³⁵

Somente os que equivocadamente creem na existência de um direito anterior à decisão, isto é, desconsideram a atividade judicante na sua formação, acreditarão em antinomia no direito. Como não existem duas decisões definitivas para uma mesma questão judicial, ou seja, como a sentença com trânsito em julgado é única em cada causa, ela constituirá norma para a referida situação. Só haveria contradição no direito, caso fosse facultado ao julgador apresentar mais de uma solução para o litígio.³³⁶

A confusão que se faz entre disposição normativa e norma deve ser veementemente desprezada. Norma é o resultado da decisão jurídica. O julgador não aplica a norma, mas a produz. Ele escolherá entre os dispositivos jurídicos disponíveis aquele(s) que julgar compatível(is) com a espécie em julgamento ou elaborar uma norma não baseada em previsões legais, mas completamente inovadora, pois, não raro, os julgadores lançam-se além das disposições jurídicas preexistentes, formulando e aplicando "normas "novas"³³⁷, isto é, não constituindo o resultado de parâmetros normativos

---

335 Perelman, Chaïm. "Les antinomies en droit". Perelman, Chaïm (Org.). *Les antinomies en droit*. Bruxelles: Émile Bruylant, 1965, p. 399.
336 Poder-se-á questionar a plausibilidade da decisão proferida. Tratar-se-ia de um juízo axiológico e sua análise ultrapassaria os limites desse trabalho.
337 Guastini, Riccardo. *Dalle fonti alle norme*. Seconda edizione. Torino: Giappichelli, 1992, pp. 170 e 171.

preestabelecidos.[338]

O intérprete[339], como colaborador final na concretização[340] do direito *in casu*, escolherá, entre as proposições normativas, aquela que julgar adaptável à questão sob seu exame. A vivência jurídica contorna a existência de proposições em sentidos diversos por intermédio do processo decisório. Na medida em que elas constituem algo oferecido (colocado à disposição do julgador), ele poderá aceitá-las ou recusá-las, ou mesmo decidir a demanda extrapolando os moldes constituídos pela maranha de disposições jurídicas.

A decisão definitiva é única em cada lide. Logo, jamais acontecerá incompatibilidade de normas, pois elas resultam da deliberação jurisdicional. Feitos judiciais absolutamente idênticos não são verificáveis e as normas são individualizadas e supervenientes ao processo decisório; por conseguinte, o direito não comportará antinomias. Ele é consistente por apresentar

---

338 Como é possível determinar o que seja o direito do caso concreto, sem uma ordenação normativa preestabelecida? Para responder a esta indagação é preciso desprender-se de todos os prejuízos e formalismos e de todas as grandiloquências. Trata-se, efetivamente, de um simples aprofundamento dos diversos aspectos da situação concreta, que deve ser levado a cabo por pessoas possuidoras de uma larga experiência no conhecimento e decisão dessas questões. Cohn, Georg. *Existenzialismus und Rechtswissenschaft*. Basel: Helbing & Lichtenhahn, 1955, pp. 150 e ss.
339 Gavazzi, Giacomo. *Delle antinomie*. Torino: Giappichelli, 1959, p. 169.
340 Ver a profunda abordagem dessa questão em Engisch, Karl. *Die Idee der Konkretisierung in Recht und Rechtswissenschaft unserer Zeit*. Heidelberg: Carl Winter, 1953.

uma sentença terminativa para cada controvérsia jurídica em apreciação. Só haveria inconsistência no direito na eventualidade da não ocorrência de uma decisão.

8.3. Consistência e estruturação do direito.

A estruturação jurídica não constitui um sistema formal perfeitamente convergente, pois "se o ideal do direito consistisse na sua redução a um sistema formal, perfeitamente unívoco, dever-se-ia reconhecer a imperfeição do sistema jurídico, na medida em que, para sua aplicação, é necessário recorrer-se ao poder de interpretação atribuído aos julgadores".[341] Um equívoco bastante comum é considerar o direito como um estático conjunto de disposições normativas, isto é, concebê-lo como um ordenamento jurídico estruturado sistematicamente. Tal visão constitui uma completa distorção do que efetivamente ocorre. O direito se engendra em constante estruturação e reestruturação, jamais em uma estrutura fixa, o que é de vital importância à questão da consistência ou não do direito.

A "estruturação jurídica" não deve ser confundida com o "direito". Ele, além de diversas variáveis, conta com um elemento indispensável em sua constituição: a decisão jurídica.

---

341 Perelman, C. "Les antinomies en droit". Perelman, C. (Org.). *Les antinomies en droit*, p. 399.

Logo, somente após a emissão do juízo por aquele a quem compete fazê-lo pode-se falar em direito.

Pelo fato de o julgador ser obrigado a julgar[342], ele está autorizado a valer-se de diversos mecanismos de superação de possíveis contradições. Ademais, como a estruturação do direito é constituída por proposições imputativas responsabilizadoras e não por normas (que é o resultado da decisão), nada mais provável do que a ocorrência de variações no instrumental disponível à magistratura. Uma vez que proposições são disponibilizadas ao julgador como orientação prévia, elas podem apontar mais de uma direção. Não existe uma única forma para a construção da decisão de controvérsias jurídicas. Os ditames jurídicos estatuídos como referencial apontam em diversas direções e o julgador deverá optar por uma delas, ou recusá-las, ou contrariá-las, ou, até mesmo, inovar plenamente.

No direito em construção é aceitável a ocorrência de disposições normativas incompatíveis. Elas são expressas em proposições e podem indicar diferentes direções para aquele a quem compete emitir o juízo sobre a ação corrente. Ele deverá sopesar entre elas qual(is) é(são) mais compatível(eis) e deve(m) constituir o direito a ser provido na situação em análise.

---

342 Perelman, C. "Les antinomies en droit". Perelman, C. (Org.). *Les antinomies en droit*, p. 399.

8.4. A consistência ante a incerteza e a insegurança.

Muitos acreditam que, se não existissem incompatibilidades no direito, também não haveria incertezas. A eliminação delas garantiria precisão nas decisões a serem tomadas e, consequentemente, em relação ao direito. Não se constrangem em afirmar que a situação de contradição viola a "exigência da certeza no direito", como se ela pudesse ser exigível.

Antinomias (no sentido literal do termo αντι- (indicando a ideia de contradição) mais νομος (lei) não ocorrem na experiência jurídica. A norma é superveniente à decisão e determina o vínculo obrigatório em cada caso. E, como as questões no direito são singulares e resolvidas somente de forma não previamente sabida, não se pode falar em antinomia. Os que entendem que as "normas" se antepõem à decisão jurídica não temem em afirmar que "onde existem duas normas antinômicas, ambas válidas, e, portanto, aplicáveis, o ordenamento jurídico não consegue garantir certeza, entendida como a possibilidade do cidadão de prever com exatidão a consequência jurídica de sua própria conduta".[343] Ora, nem na ausência de "antinomia", tampouco na presença dela se pode

---

343 Bobbio, Norberto. *Teoria dell'ordinamento giuridico*. Torino: Giappichelli, 1960, p. 123.

prever com exatidão a consequência jurídica acerca do comportamento do indivíduo.

Não raro, chega a ser impressionante como o clamor pela certeza e pela segurança embaraça a percepção de alguns doutrinadores que não hesitam em conceber a decisão jurídica como uma "declaração de direito" devendo "resultar apenas do que dispõem as normas como parte de um sistema, o que quer dizer que há que interpretá-las corretamente".[344] Por conseguinte, alicerçam-se pensamentos desse jaez em "convicções a que dificilmente poderá se resistir"[345] e, ancorado nesses pressupostos, afirmam sem titubeio, no exame de uma causa específica, que tal "caso concreto não poderia ser decidido de outro modo", configurando, assim, um contrassenso, pois se não "poderia ser de outro modo"[346] não se estaria ante uma decisão jurídica (que envolve escolha entre alternativas possíveis). O fato de se tratar de decisão tem de levar em conta

---

344 Miranda, Custódio da Piedade Ubaldino. "A certeza e a segurança como valores fundamentais na declaração do direito e na realização da justiça, e o modo de atingi-las". *Revista da Faculdade de Direito da Universidade de São Paulo*. Vol. 94, pp. 349-363. São Paulo: Serviço Técnico da Imprensa da Faculdade de Direito da Universidade de São Paulo, 1999, p. 353. Continua o autor: "o que se precisa é resolver os conflitos de interesses, saber qual dos dois interesses conflitantes deve afinal prevalecer, mas não é menos certo que isto só pode ser feito, por via racional, pela declaração do direito, no caso concreto, a partir do que se acha abstratamente previsto nas normas que formam o sistema e com a racional observância dos mandamentos ali contidos", p. 357.
345 Idem, p. 357.
346 Idem.

sempre a possibilidade de que algo seja **decidido** de outra maneira, muitas vezes, não almejada pelo demandante.

O direito, por se realizar em contínua transformação e por ser um fenômeno intrinsecamente contingente, repele condicionantes. Portanto, na experiência jurídica não há que se falar em "previsibilidade de consequência jurídica", em "previsibilidade acerca da intervenção", em "previsibilidade do êxito em alguma demanda" e, finalmente, em "previsibilidade da decisão jurídica".[347]

---

[347] Gianformaggio, Letizia. *Digesto*. Vol. II, 4ª edizione. Torino: UTET, 1998, p. 275.

www.ingramcontent.com/pod-product-compliance
Lightning Source LLC
Chambersburg PA
CBHW031613210526
45464CB00004B/1549